ENTRENAMIENTO PARA EL MESERO/MESERA

Como formar a su personal para una Ganancia Máxima: 365 Secretos Revelados

Por Lora Arduser

D0955217

La guía de los Profesionales en Servicios de Comidas para:
Entrenamiento del Mesero/Mesera Como Formar a su
Personal para un Servicio y Ganancia Máxima : 365 Secretos Revelados

Atlantic Publishing Group, Inc. Copyright © 2005
1210 SW 23rd Place
Ocala, Florida 34474
800-541-1336
352-622-5836 - Fax

www.atlantic-pub.com - Sitio Web
sales@atlantic-pub.com - E-mail

Número SAN:268-1250

International Standard Book Number: 0-910627-46-0

Library of Congress Cataloging-in-Publication Data

Arduser, Lora.
   [Waiter & waitress training. Spanish]
   Entrenamiento para el mesero/mesera : como formar a su personal para
una
ganancia maxima : 365 secretor revelados / por Lora Arduser.
      p. cm.
   Includes index.
   ISBN 0-910627-46-0 (alk. paper)
   1. Table service. 2. Waiters--In-service training. 3.
Waitresses--In-service training. I. Title.

   TX925.A7318 2004
   642'.6--dc22

                              2004055073

Impreso en United States

Diseño y diagramación Meg Buchner de Megadesign
www.mega-designs.com • e-mail: megadesn@mhtc.net

CONTENIDOS

Los meseros son
las caras de su
restaurante.

INTRODUCCIÓN

Recientemente, cuando un compañero de trabajo le preguntó a su amigo, ¿Qué tal estuvo el almuerzo?" la persona le respondió, "¡La comida estuvo buena, pero la atención fue terrible!" Este corta conversación muestra que tan importante es la atención para la experiencia en las comidas de sus clientes. ¡No deje que nadie abandone su restaurante diciendo esto!

El personal es uno de sus mayores activos siendo un propietario y/o gerente de un restaurante. Sus empleados tienen una influencia tremenda en que tan rentable su establecimiento puede ser. Por supuesto, como contrata y maneja a sus empleados es igual de importante.

Mientras que todos sus empleados son una importante parte del equipo, los meseros son particularmente importantes por que son las caras del restaurante. Cuando los clientes cenan en tu establecimiento, al menos el 90% de su tiempo es pasado con su mesero. Como su atención satisface a sus clientes es crucial para determinar si ese cliente será un cliente-de-una-vez o repetirá. Los clientes-de-una-vez, obviamente suman a los fondos, pero su real ganancia potencial yace en los clientes que repiten.

¿Qué puede hacer usted para hacer realidad que sus meseros provean a los clientes de una atención excepcional? ¡Siga leyendo! Este libro le mostrará como contratar, entrenar, motivar y retener un gran personal de servicio. Como un bono adicional, los principios pueden ser aplicados al total de su personal. Entonces, lea y aprenda como maximizar las ganancias en su restaurante desarrollando su personal de atención.

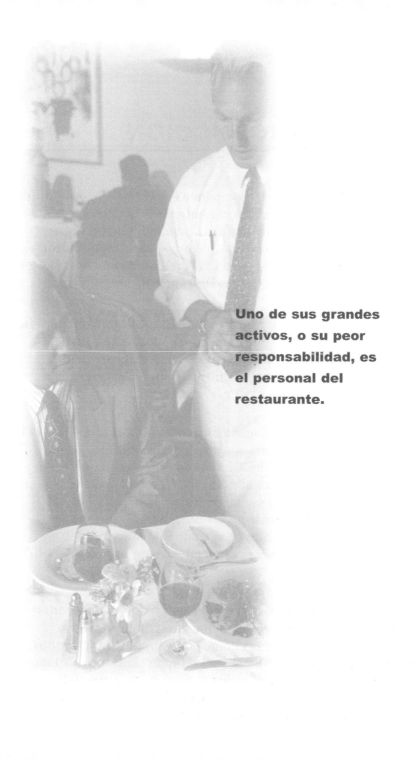

Uno de sus grandes
activos, o su peor
responsabilidad, es
el personal del
restaurante.

CAPÍTULO UNO

EL EQUIPO DEL RESTAURANTE

¿Quien es quien? - Su personal de Servicio y sus compañeros de Trabajo

Uno de sus grandes activos, y sus peores responsabilidades, es el personal de su restaurante. Un buen personal afecta grandemente sus ganancias y un buen personal no sucede solo por accidente. Como dueño o gerente del servicio de comida, usted tiene un tremendo impacto en que tan bueno o malo su personal es. Y mientras este libro se enfoca en como desarrollar su personal de servicio, un restaurante es un equipo y sus meseros no pueden hacer su trabajo sin la ayuda de sus compañeros. Mientras todos los restaurantes son diferentes, la mayoría tienen necesidad por los mismos roles de empleos:

Frente de la casa:

- **Recepcionista o Anfitrión/ona.** Esta persona sienta y mantiene el tono del restaurante por que esta persona es generalmente la primera persona que el cliente. El anfitrión/ona saluda, ubica y asigna mesas. Si el recepcionista conoce el nombre del cliente, esta información debería siempre ser dada al mesero. El Recepcionista puede incluso mencionar platos especiales/ opciones y debe siempre establecer un tono placentero en su experiencia de comida. Además, el anfitrión monitorea las condiciones actuales por potenciales cuellos de botellas o problemas y lo comunica a través de todos los miembros del equipo, advierte a la cocina de arribos de multitudes, alerta al gerente por posibles problemas y realiza cualquier tarea que sea de ayuda, tal como transportar, mientras viaja adelante y atrás a través del comedor.

- **Atención de la Barra.** Si el establecimiento no tiene un servicio de barra, el barman se mezclara con los clientes. La persona puede ser asistida, cuando esta ocupada, por un busser que traiga los suministros incluyendo guarniciones de la cocina y vasos para lavar.

- **Mesero.** El mesero es la principal persona con quien el cliente va a interactuar en su restaurante. El mesero es responsable por servir a los clientes y ayudar a otros meseros cuando una necesidad es observada. Los meseros pueden usar un sistema rotativo con compañeros para brindar un servicio con el mínimo de defectos a los clientes. Ellos incluso pueden desarrollar códigos y señales para indicar cuando se necesita ayuda.

- **Busser.** La función principal del busser es preparar la mesa para los clientes y limpiar las mesas. Preparar incluye limpiar las mesas, ubicar los cubiertos, los vasos y copas y reemplazar velas o la decoración de la mesa, si es necesario. Los Bussers son frecuentemente meseros en entrenamiento y ellos deben alternar entrenamiento con el servicio detrás de barra. Los Bussers también frecuentemente asisten al Lavacopas y pueden ayudar al recepcionista.

Fondo de la Casa:

- **Personal de Cocina.** A veces el chef es considerado el miembro más importante en todo el personal en el negocio de servicio de comida, pero es el funcionamiento fluido del equipo, como un todo, lo que hace memorable la experiencia de una comida, dando éxito al establecimiento a través de los clientes repitentes y una clientela creciente. El equipo de soporte del chef (preparador de cocina, preparador de ensalada, horneador, etc.) es parte de "el chef" cuando más de una persona lleva a cabo esta función. El líder del equipo de cocina es responsable por el control de desperdicios, control de costos y eficiencia, así como de implementar la seguridad necesaria y las medidas de prevención de accidentes. El equipo de cocina es una "línea de producción" eficiente.

- **Lavacopas.** Los deberes principales de un Lavacopas son los de limpiar los platos y devolverlos a las áreas de almacenamiento apropiadas y ocuparse de la basura. El resto del personal puede ayudar al lavacopas separando los cubiertos y vasos, disponer de platos rotos con cuidado y limpiando la comida de los platos. El entrenamiento alternativo de lavacopas puede ser muy útil en caso de inesperados.

- **Gerenciamiento y Administración.** El dueño, el gerente, o un equipo de personas incluyendo al cajero, contador, personal de compras, valet de estacionamiento, personal de guardarropa, etc., entran en esta categoría. Los gerentes deben estar visibles, durante las horas ocupadas, para empleados y clientes y debe actuar como un modelo a seguir para todo el personal. El gerente ayuda donde exista alguna necesidad. Los buenos gerentes alentarán a su personal bien entrenado para manejar más asuntos dentro de pautas, sin necesidad de correr por asistencia. Ellos también delegarán funciones gerenciales al personal que tenga el interés y la capacidad de resolverlos (seguridad, control de calidad, aun marketing y promoción, etc.). Ellos resuelven problemas involucrando a todos en la solución, desde sugerencias hasta la ejecución. También, ellos siempre se asegurarán que todos entiendan el por que de cualquier decisión particular que fue echa o acción que fue tomada, especialmente si ha habido diferencias de opinión en el asunto.

Declaración de la Misión

¿Qué es la declaración de la misión? La declaración de su misión debería contarle cuales son los valores de la compañía, quienes son los clientes, cuales son los objetivos económicos, cuales son sus objetivos, cuales son sus productos y cual es su mercado. Aquí esta como desarrollar una declaración de misión:

- **Componentes de una declaración de misión.** Su declaración de misión, no tiene que contener mucho detalle en este nivel, essimplemente un dispositivo que le ayudará a enfocar su dirección y empezar a formular una idea sobre el tipo de restaurante quiere dirigir. Tome una hoja de papel con los siguientes encabezados y escriba en el la información:

- Objetivos: por ej. Lograr una ganancia del 15% o establecer un restaurante de desayuno de gran escala.

- Creencias/Valores: por ej. Proveer comida de calidad a precios que se puedan pagar.

- Productos: por ej. El tipo de cocina

- Target: por ej. Parejas jóvenes trabajadoras, sin hijos que tienen una buena entrada de dinero disponible.

- Mercado: por ej. un centro urbano o un establecimiento rural.

Establecimiento de Objetivos

Este seguro de poner mucha atención en sus objetivos. Estos deben ser comunicados a su personal en forma permanente, así ellos pueden mantenerse enfocados en estos objetivos cuando están sirviendo a sus clientes, al inicio del día y al final del día. Cuando se establecen objetivos, es importante tener en mente, lo siguiente:

- **¿Qué son los objetivos?** Los objetivos son las metas de desempeño que cumplen con la misión de su restaurante. Un objetivo puede ser reducir los desperdicios, minimizar los costos o maximizar la eficiencia al servir.

- **Sea Específico.** Los objetivos deben ser claramente definidos, específicos y simples. Anote los objetivos y revíselos cuando sea necesario.

- **Asegúrese que sus objetivos son realistas.** Por ejemplo, si su costo de trabajo ha andado por el 35%, no espere bajarlo hasta el 15%, en un solo mes.

- **Los objetivos deben ser medibles y consistentes.** Es más fácil alcanzar un objetivo de cortar costos operativos en un 2% que simplemente cortar costos operativos.

- **Involucre a su personal.** Finalmente y quizás lo más importante, asegúrese de explicar como cada miembro del personal puede contribuir a alcanzar la misión total y los objetivos individuales.

Usted como El Lider

Como el dueño o gerente del restaurante, usted es el lider de su equipo de empleados. Aquí hay algunos puntos que lo ayudarán a volverse un exitoso lider:

- **Cualidades de liderazgo.** ¿Qué lo hace un buen lider? Recuerde los jefes que ha tenido en los primeros años, en el servicio de comida. ¿Quién se destaca y por qué? Usted probablemente recuerda aquellos gerentes que respetaban a los empleados, mostraban preocupación por su personal y no tenían miedo de dar una mano donde sea necesario. Esas son las cualidades de un buen lider.

- **Has lo que digo y lo que hago.** Si usted no quiere que su personal se junte en la parte trasera a conversar cuando el negocio esta lento, ¡no lo haga usted mismo! Muéstreles como quiere usted que actúen además de decírselo. Si un gerente no demuestra preocupación por como es tratado el cliente, entonces los empleados no podrán realizar ninguna mejora.

- **Durante las horas pico de cena y/o almuerzo asegúrese de estar en el salón.** Al caminar a través del salón comedor, si usted ve un plato que un cliente ha terminado, llévelo. Si un una copa de agua necesita ser llenada, ¡rellénela! Usted mostrará a sus meseros que se preocupa por los clientes lo suficiente para hacer esas cosas y ellos emularán su comportamiento.

- **Conózcase a usted mismo.** Conozca sus propias fortalezas y debilidades, capitalice las primeras y minimice las segundas. Si usted tiene pobres habilidades matemáticas, contrate un contador para compensar esta debilidad. Si las habilidades de su gente son fuertes, Asegúrese usted de pasar mucho tiempo en el salón con sus empleados y clientes.

- **Sea parte del equipo.** Ayude cuando alguien no se encuentre. Sus empleados apreciaran su esfuerzo y lo respetarán por dar una mano antes que dirigir "desde lo alto".

- **Siempre recuerde que sus empleados son individuos.** Acepte los diferentes estilos de sus empleados, pero siempre espere buen desempeño, también. Este alerta a las necesidades de entrenamiento y desarrollo de cada empleado individual. Alcance esas necesidades.

- **Sea justo y consistente con los procedimientos y políticas.** Trate a todos los empleados igualmente. No muestre favoritismo. Si usted quita una paga de un empleado por una ausencia no justificada, no mire en otra dirección cuando el siguiente empleado no aparezca sin una justificación.

- **Refuerce la conducta positiva.** El dicho "usted caza más moscas con miel" es verdad. Es más probable que usted obtenga la conducta que quiera de sus empleados si los recompensa por comportamiento aceptable. Mientras usted siempre tiene que disciplinar por una conducta inapropiada, deje que algún otro sepa que ellos hicieron un buen trabajo y usted lo aprecia.

- **Ayude a relacionar a sus empleados con la perspectiva general.** Los empleados pueden fácilmente ahogarse en los detalles y enfocarse en un plato o en una mesa, en detrimento al resto de sus deberes. Puede ser difícil para ellos retroceder y ver como su conducta puede afectar al negocio y ganancias como un todo. Señale los beneficios de una buena atención: Clientes más felices y más ingresos para el restaurante y ellos mismos.

- **Aliente la comunicación.** Haga un esfuerzo para alentar a su personal a comunicarse entre ellos y con usted. Hágales saber que usted quieres saber que necesitan y que aprecian. ¡Entendiendo sus necesidades, usted hará mucho más fácil el trabajar juntos!

- **Sea cuidadoso de no armar un equipo de "Si Señor".** Soluciones creativas a los problemas vienen de diversos puntos de vista, entonces no se rodee con otros miembros gerenciales de equipos que piensan justo como usted lo

hace. Aliente a aquellos que no concuerden a hablar
también. Usted puede, por ejemplo, querer considerar el
liderazgo rotativo de las reuniones, para asegurarse que su
propio punto de vista no es el único escuchado todo el
tiempo.

• Aquí hay algunas señales de atención de que usted
esta rodeado por "si señor":

• Ellos lo miran a usted para empezar o terminar las
discusiones o reuniones.

• Se dirigen a usted más formalmente que hacia los
otros.

• No hablan espontáneamente sin pedir auto- rización

• No están en desacuerdo o cuestionan sus opiniones.

• Lo miran a usted como a un juez

• No confrontan a otros para impedir que prosigan, sin
esperar que usted tome el liderazgo.

• **Sea creativo cuando busca soluciones.** En las reuniones,
cuando está buscando soluciones, establezca su
objetivo/problema simple y claramente. Frecuentemente, las
soluciones son encontradas en un rango de posibilidades
que no tiene una única respuesta correcta. Comience con la
tormenta de ideas y apunte uno o dos 'grabadores' para
seguir el rastro de todas las ideas. A mitad del camino,
cambie los grabadores y también refresque la mezcla del
grupo. Aliente a las personas a 'jugar' y disfrutar usando
sus imaginaciones. Por último, considera las sugerencias
lógica e inventivamente.

• **Tratando con conflictos** La resolución de los conflictos es una parte difícil de ser líder. Recuerde, el conflicto no es siempre una cosa negativa y puede frecuentemente ser útil. Aliente a las personas a hablar acerca de lo que los molesta. Comprométase a escuchar activamente cuando esta ocupándose de los conflictos. Además asegúrese de establecer normas de cortesía, buen comportamiento y honestidad.

Trabajo en Equipo

Mientras usted puede ser el líder en su organización de servicios de comida, usted no puede hacer todo. Las consideraciones de los colegas y la cooperación crean un ambiente más productivo, especialmente cuando las circunstancias son particularmente demandantes. Trabajando y pensando como un equipo ayuda a crear un ambiente de colaboración, que ayudará a asegurar la capacidad del restaurante para obtener ganancias. El trabajo en equipo puede incrementar su productividad, mejorar la toma de decisión, maximizar el uso de sus recursos humanos y hacer mejor uso se su inventario. Hacer de la solución de problemas una función automática del trabajo diario, mediante entrenamiento de equipo. El servicio al cliente también se beneficia de un fluido trabajo de equipo. Usted puede mejorar el fondo - beneficios – mediante una construcción eficiente del equipo:

- **¿Qué es un equipo?** Un equipo es un número dirigible de personas con funciones similares o coordinadas trabajando conjuntamente para una meta común de proveer un servicio sin fisuras. Usualmente de 2 a 25 personas (idealmente de 10 a 15 personas) hacen un número manejable de personas. Usted puede pensar en equipos teniendo un equipo del frente del local y un equipo de la parte trasera. Si usted tiene gran cantidad de personal, una posición particular podría ser un equipo, o sus equipos podrían ser organizados por turnos.

- **Características de los miembros del equipo.** Los miembros de un equipo deben tener metas comunes, funciones similares o complementarias e iguales responsabilidades para el desempeño del equipo. Todos deberían tener las mismas definiciones de "equipo" y de "trabajo en equipo" para los equipos en que trabajan.

- **Eligiendo líderes de equipo.** Para delegar algunas responsabilidades, elija líderes de equipo. Estas personas no tienen necesariamente que ser los mejores ejecutantes, pero ellos deberían ser personas que puedan motivar y entrenar a los demás para poder llevar una carga completa. Ellos serán líderes 'naturales', aquellos a quienes los otros mirarán naturalmente. Asegurase de tener más de un líder por cada equipo, así, los horarios cambiantes pueden ser acomodados y ningún turno se quedará sin líder de equipo.

- **Funciones de los líderes de equipo** En muchas formas los líderes de equipo funcionan como gerentes. Los líderes de equipo deben mantener el equipo junto y definir los roles de los miembros individuales. También guían y entrenan a los miembros del equipo. También aseguran comunicación abierta entre los miembros del equipo y solicita soluciones desde dentro del equipo. Otras funciones que los líderes de equipo pueden realizar incluyen monitorear desempeños, proveer feedback, trabajando como un enlace a los otros líderes de equipo y comunicando y demostrando que el éxito del equipo es responsabilidad de cada individuo del equipo. Líderes de equipo pueden también actuar como vocero para presentar problemas o ideas a los gerentes.

- **Entrene a los líderes de equipo primero.** Usted puede dejar que ellos entrenen a los miembros del equipo y este puede volverse parte de su programa general de entrenamiento del restaurante.

- **Construyendo equipos.** Asegúrese de comprometerse en

la conducta de la constitución de equipos. Un equipo se separa fácilmente si usted falla en reforzar el hecho de que son un equipo trabajando por una meta común. Haga que sus miembros se conozcan los unos a los otros de una manera informal. Quizás tener una fiesta del personal, tomar fotos instantáneas de los equipos y ponerlas en los tablones de anuncios en la parte trasera del establecimiento. Usted puede crear un libro de recuerdos que incluya los detalles personales, mascotas, familia y metas personales. Actualícelo regularmente.

• **Contabilidad individual.** En la contabilidad del equipo, si un miembro no funciona, el equipo entero sufre y la confianza en el equipo queda comprometida. Asegúrese de recompensar la buena conducta, pero además fije condiciones por las malas conductas y asegúrese que todos conozcan las normas. No es útil simplemente decir, "No cometan errores" o "No tengan accidentes". Descubra por que un empleado está teniendo problemas y trabaje conjuntamente para encontrar una causa y solución.

• **No demande perfección de sus meseros** Eso solo llevará al ocultamiento de errores y al minamiento del equipo, así como del establecimiento.

• **No todos los equipos son iguales.** Los miembros de equipos de cocina son más especializados y menos probables a intercambiar funciones. Los miembros de los equipos frontales tienen responsabilidades primarias pero no fijas y son más probables de intercambiar funciones, cubriéndose unos a otros, para un servicio más fluido. Asegúrese de que todos los miembros del equipo entiendan las diferencias y cuales son sus propias responsabilidades.

• **Entrenamiento cruzado para el Frente del local.** Un retraso en una función puede alterar el flujo total del servicio a todos los clientes. El líder del equipo puede definir y asignar responsabilidades de tareas secundarias, durante la reunión diaria. Algunas veces un sistema de compañeros funciona bien para ajustar al personal del frente del local para alejarse del síndrome "ese no es mi trabajo". El mesero que declina en el desempeño de su servicio es afectado en el largo plazo por la acumulación de trabajo temporario de algún otro. Si el mismo mesero tiene problemas regulares, entonces considere entrenamiento adicional. Incluya la atención telefónica como una función que puede necesitar cobertura.

- **Entrenamiento de equipos de trabajo.** Hay fuentes online disponibles para ayudar a entrenar a su personal gerencial y equipo de trabajo. Por material e información de entrenamiento en entrenamiento de equipos de trabajo, visite:

  •www.conferencecontent.com/content_teambuilding.htm

  •www.facilitationfactory.com/interstitial.html

  •www.temeculacreek.com/ball.htm

  •www.corvision.com/teams.htm

Programación

A fin de hacer su restaurante rentable y mantenerse dentro de sus presupuestos, usted debe mantener sus costos de trabajo bajo control. El como usted programe el trabajo tendrá un gran impacto en los costos laborales. Aquí hay algunas pautas importantes:

- **Determinar el costo laboral de un turno.** Una vez que usted definió la programación para un turno en particular, multiplique las horas trabajadas por cada empleado por su salario por horas. Ahora, proyecte cuales serán sus ventas para ese turno, divídalas por el numero que obtuvo para el costo laboral para el turno. Esto le dará el porcentaje laboral. ¿Es esta cifra aceptable desde un punto de vista de los beneficios? Si no, usted puede querer algunos ajustes a su programación.

• **Considere dejar a los líderes de equipo hacer su propia programación.** La interacción del equipo es buena para el espíritu del equipo. Teniendo líderes que programen las horas de sus equipos usted puede alentar esta interacción – ¡y tener a alguien que lo ayude con los dolores de cabeza de la programación! Asegúrese que los líderes de equipo dejen una superposición de turnos por unos minutos, así es más fácil el intercambio de un grupo al siguiente. Eso además hace más fácil seguir el rastro de tiempos de vacaciones solicitadas u otro tiempo de licencia predecible, así usted puede preparar sus listas de requerimientos hacia adelante en el tiempo.

• **Sugerencias útiles.** Cuando los líderes de equipo hacen la programación, tengo lo siguiente en mente:

   • Trate de programar un día libre cada semana, preferiblemente dos, por cada empleado

   • Esté atento del agotamiento por la sobre programación.

   • Tenga suplentes seleccionados, en caso de emergencias de último minuto.

   • Asegúrese de tener al menos un líder de equipo en cada turno.

• **Software de Programación de horas.** "Employee Schedule Partner" es un completo paquete de software para la programación de horas del empleado. Solo apunte y haga click para crear un horario, sin tocar el teclado. Haga click a un botón y el software llenará su programación con empleados, automáticamente. Haga click a un botón para reemplazar a los empleados ausentes y aparecerá una lista de empleados disponibles con números telefónicos. El entrenador en línea ofrecerá sugerencias útiles para usuarios nuevos. El paquete almacena un ilimitado número de empleados y posiciones. Usted puede manualmente anular las selecciones en cualquier momento y seguir las restricciones de disponibilidad de los empleados. Programe a los empleados para trabajar varios turnos por día. Siga la nómina de pago y los totales programados por hora para una fácil administración del presupuesto. Los programas pueden empezar cualquier día de la semana. Siga los puestos así como también las posiciones. Especifique un máximo de horas por día, días por semana y turnos por día por cada empleado. Fije a un empleado en un turno programado así el programa no lo moverá cuando realiza el armado de la programación. Grabe las viejas programaciones para referencia, cuando sea necesario. El software es también protegido por una clave para prevenir el uso no autorizado. Employee Schedule Partner está disponible por la Atlantic Publishing Company: http://www.atlantic-pub.com o 800-541-1336: artículo ESP-CS.

- **Employee Time Clock Partner.** Este es un paquete completo de software de registro de tiempo del empleado. Es muy poderoso aunque simple de usar. Automáticamente registra entradas y salidas (solo ingrese el número del empleado y estará registrado adentro o afuera). Los empleados pueden ver sus tarjetas de tiempo para verificar la información. Est;a protegido por calves así solo los gerentes pueden editar la información de la tarjeta de tiempo. Además calcula el tiempo extra diario y semanal. Los Administrativos pueden asignar un número de identificación de empleado o PIN (numero de identificación personal). "Employee Time Clock Partner" está disponible por la Atlantic Publishing Company: http://www.atlantic-pub.com o 800-541-1336, artículo # ETC-CS.

Entrene a la Gerencia Primero

Antes de empezar a entrenar a su personal más bajo, asegúrese de que su gerencia y líderes de equipo están apropiadamente entrenados. Muchas personas de las posiciones gerenciales en un restaurante son promovidas desde las filas y mucha de estas personas no tiene experiencia gerencial. Provéales del entrenamiento, así ellos pueden dirigir al resto del personal, efectivamente. Si no lo hace, usted empezará a ver problemas tales como cambios en el volumen de ventas y trabajo descuidado. Considere las siguientes posibilidades de entrenamiento:

- **Recursos de entrenamiento.** Para un rango completo de recursos de entrenamiento, incluyendo libros, videos, software y posters vea: www.atlantic-pub.com.

- **Cursos de hospitalidad gerencial.** Verifique con las universidades y escuelas vocacionales de su área. Muchos tienen programas de hospitalidad gerencial. Seria sensato el enrolar a los nuevos gerentes en uno de esos programas.

- **Cursos On-line.** El número de opciones on line disponibles para la industria de los restaurantes está creciendo. Vea los siguientes sitios Web por cursos de aprendizaje a distancia que pueden ser útiles para sus gerentes

  - www.ecornell.com: Los cursos on line de la Cornell University School of Hotel Administration's incluyen Manejo de Personas más Efectivamente y otros cursos en marketing de hospitalidad, gerencia hospitalidad de recursos humanos y contabilidad hospitalaria. Usted puede registrarse on line o por teléfono al 1-866-ecornell (1-866-326-7635).

- El American Hotel and Lodging Educational Institute también ofrece muchos cursos de gerencia y hospitalidad, on-line en http://www.eiahla.org/offsite.asp ?loc=http://www.ahma.com:

- El Culinary Institute of America ha introducido recientemente cursos en- line.www.ciaprochef.com.

- Atlantic Publishing ofrece Servesafe ® cursos y programas de certificación gerencial. www.atlantic-pub.com.

El Papel De La Comunicación en el Manejo de su Personal

La comunicación entre usted y su personal de servicio es tan importante como la comunicación entre sus meseros y los clientes. Intente lo siguiente:

- **Comprométase en escuchar activamente.** ¿Cuantas veces se ha visto soñando despierto o planificando – cuando en realidad se supone que tendría que estar escuchando a alguien? Nos pasa a todos, a veces. Cuando se comunica con su personal, sin embargo, usted querrá comprometerse en una escucha activa. Asegúrese que ellos sepan que usted los ha escuchado. Como usted esta escuchando, asienta, inclínese hacia adelante, y mantenga contacto visual. Usando frases cortas como "ya veo" o "ahá" deja saber a la persona que la está siguiendo activamente. Verifique que usted entiende, repitiendo. Usted puede decir "te escuché diciendo..." o "pareces preocupado por...".

- **Elimine los mensajes negativos** Las palabras que elegimos tienen un impacto mayor en como la gente escucha lo que estamos diciendo. Remplace las frases como "no puedo", "yo debería tener" y "Qué hay de malo con" con frases como "no lo he hecho aun", "empezando ahora lo haré" y "¿Como podemos mejorar?"

- **Supere las barreras culturales y alcance la diversidad.** La industria de los restaurantes tiene una base de empleo muy diversa. Enséñese y a los demás empleados tolerancia y muestre respeto por toda raza, género, preferencia sexual y diferencia religiosa. Si usted tiene personal bilingüe, usted puede incluso proveer asistencia en otra lengua, incluyendo a los parlantes extranjeros al inglés y palabras y frases extranjeras a los angloparlantes. Vea www.atlantic-pub.com para guías de un servicio simple de comida. Hay muchas fuentes para el entrenamiento bilingüe... Los Berlitz Languages Centers pueden proveer entrenamiento grupal. Para el centro más cercano a usted llame al 1-800-457-7958 o entre en www.berlitz.com. Language Learning Enterprises también ofrecen tutoría y entrenamiento. Ellos pueden ser contactados en: www.lle-inc.com. La National Association for Bilingual Education sigue las políticas federales que pueden ayudar a los empleadores. Usted puede accederlo en: www.nabe.org. Worldwide Language Center es otro recurso de entrenamiento que puede dar instrucción a un ambiente de restaurante. Llámelos al 703-527-8666 o entre a: www.worldwide.edu. Usted puede también verificar en las universidades del área. Además, usted puede encontrar a un estudiante graduado universitario queriendo tomar un proyecto independiente. Para productos de entrenamiento de diversidad cultural, visite el sitio Web de HR Press en: http://www.hrpress-diversity.com.

- **Observe las interacciones entre el personal para identificar aquellos que están siendo excluidos.** Pregunte a aquellos excluidos que creen que los haría volverse parte del equipo. Una buena forma de incluir a los solitarios es tener grupos mezclados juntos para 'juegos' y dirigirlos e involucrar a todos los empleados en las decisiones.

Construyendo Confianza y Espíritu de Equipo

Pregunte al lavacopas ¿qué es lo que hace? Si el responde "yo lavo platos", usted tiene trabajo por hacer. Si el responde "Me

25

aseguro de que el restaurante pueda funcionar apropiadamente, proveyendo un abastecimiento constante de platos limpios" entonces, usted ha tenido éxito. Cada persona en la organización es importante y tiene un rol crítico. Asegúrese que los empleados conozcan sus roles en su organización. A fin de obtener lo mejor de su equipo, usted necesita construir confianza. Aquí está el como:

- **Niveles de Confianza.** Cuando trabaja en un ambiente de equipo, hay tres niveles de confianza:

    - Alto: "No estoy preocupado por que estoy seguro que los demás no se aprovecharan de mi"."

    - Bajo: "Necesito ver que estoy obteniendo mi porción justa   y los demás no toman de más".

    - Ninguno: "Los agarraré antes de que me agarren a mí"."

- **Usted puede crear confianza de diferentes maneras** Trate de pasar tiempos juntos socializando. Cree algunos trabajos de 2-personas (Ej.: limpieza, doblar servilletas, etc.). Aliente la discusión de problemas, promueva y deje que el personal sepa que pedir ayuda está bien. Mejore la comunicación y elimine el miedo al ridículo, o a la reprobación. Haga lugar para lo personal - "yo siento ", "yo creo", "¿Como se siente acerca de...?". Provea un refuerzo positivo para las conductas útiles y permita que la confianza crezca con tiempo.

- **Ahuyente los comportamientos de desconfianza.** Asegúrese que nadie en su personal o equipo gerencial toma parte en la siguientes conductas:
    - Ignorar a las personas
    - Avergonzar a alguien en frente de los demás
    - No manteniendo confidencias

- Evitar el contacto visual
- Mantener deudas
- Interrumpir a los demás
- No ayudar cuando puede
- Relevar cuando alguien no necesita ayuda
- Romper una promesa

- **Lidere por desafíos y refuerzos positivos** Fije metas justo sobre las expectativas y recompense a los empleados cuando las metas son alcanzadas. Intente usando marcadores: 102 días desde el último accidente, 2453 comidas servidas, 1134 pedidos sin errores, etc. Continuamente fije nuevos metas, pero no busque metas muy difíciles de alcanzar. Asegúrese que la gente entienda los objetivos que usted ha fijado. La gente se siente segura sabiendo que es esperado de ellos.

- **Reconozca, refuerce y recompense los desempeños excepcionales** El reconocimiento por si mismo es refuerzo y no necesita recompensa. Un "Bien Hecho" específico y a tiempo frecuentemente tiene el mismo peso que la compensación monetaria, pero la recompensa monetaria tiene su lugar también. Tenga un abastecimiento listo de pases para el cine y otros 'premios' para distribuir a los merecedores. Aun tenga algunos en su bolsillo por alguna acción meritoria que usted vea que suceda, al pasar. Mida el tamaño de la recompensa al desempeño cumplido. Tengo una ceremonia anual de "Premios de la Academia' con categorías a medida de su negocio (la mano de ayuda más grande, sonrisa más contagiosa, desempeño más mejorado, etc.) Haga un asunto grande, con invitaciones, menú especial. Deje que cada empleado traiga invitado(s). Establezca un comité para elegir a los ganadores.

- **Incentivos de Ventas.** Empiece con el resultado final en mente y trabaje hacia atrás. Comuníquelo específicamente. Por ejemplo, diga a su personal que esta buscando un incremento particular porcentual a las ventas en dólares para un artículo en particular, como los postres. Divida eso en cuantos postres por día, por turno, por persona necesitan ser vendidos y asegúrese que es una meta alcanzable por cada miembro del equipo. Recuerde, esta no es una cuota, si no una meta para el equipo. Esto también provee la oportunidad de motivar a los empleados 'más lentos' nuevamente dentro del desempeño máximo. Todos deben estar tanto en la planificación como teniendo incentivos y el sistema de recompensa por objetivos cumplidos. Algunas recompensas por buen trabajo incluyen dinero, reconocimiento, tiempo de descanso, una 'porción de la acción', obtener asignaciones de provecho, promociones o ascensos, libertad, crecimiento personal, diversión y premios.

Programas Motivacionales para el empleado de bajo, o sin costo alguno

Lo que más motiva a las personas que trabajan en su restaurante es el reconocimiento, ¡no el dinero! Usted no necesita gastar mucho dinero (o ningún dinero) para hacer saber a los empleados lo mucho que usted aprecia sus esfuerzos. ¿Cuáles son las mejores maneras de recompensar a sus empleados por un desempeño superior? - reconocimiento de la gerencia, dinero, descanso, ascenso, promociones, premios y regalos. Aquí hay algunas grandes ideas:

- **¡Trate de la mejor forma a los empleados con mejor desempeño!** ¡Cree y fomente una atmósfera de "empleados que hacen lo mejor, reciben más recompensas"! el refuerzo positivo de los empleados de mejor desempeño retornara aun más grandes desempeños.

- **Elimine el "pero" de su vocabulario** Cuando usted está aconsejando a un empleado, dándole una palmada en la espalda, o una combinación (usted lo está haciendo bien ...pero...). Su empleado se olvidará todo lo positivo antes del PERO y solo recordará lo que viene después de eso (lo negativo).

• **Enfóquese en los mejores.** No pierda el 85% de su tiempo dándoles tiempo extra y atención a los peores en desempeño, mientras tanto, ignorando a los mejores. Ellos pueden tenderse a sentir que la falta de atención es por su desempeño y pueden –negativamente- alterar sus hábitos de trabajo. Concéntrese en los empleados que su desempeño sea de la mitad para arriba. Aliente su crecimiento y desarrollo. Los peores trabajadores probablemente irán a otro lado.

• **"¡Corte su ancla!"** Un ancla es un término náutico para un objeto que es arrastrado detrás de una embarcación en el agua para desacelerar o parar el movimiento hacia adelante. Mientras este principio funcionó bien en los años de navegación, la noción de llevar peso muerto desacelerará o arrastrará abajo aún a la mejor organización y en última instancia costará beneficios y empleados. ¡Corte el ancla!

• **Trate de evitar los reconocimientos en efectivo.** .Suena loco pero piense de esta manera: Los reconocimientos en efectivo van directamente al cheque de paga. Muchos de estos empleados no comparten esta información con sus compañeros de trabajo. En su lugar presente certificados de regalos en su compañía (retornando el negocio a su compañía) y preséntelos con una placa u otro reconocimiento. Una plaqueta en la pared es un recordatorio constante para el empleado y para los demás que usted reconoce el mejor desempeño.

• **¡Desafíe a los empleados!** Aún los mejores empleados necesitan ser desafiados. No se conforme con el mismo desempeño, mismas tareas, todos los días. Desafiar a los empleados hace dos cosas: (1) construye confianza y mejora la satisfacción del empleado, mientras cumple con tareas más difíciles y (2) desarrolla futuros líderes para su organización, por desafiarlos más allá de los niveles normales.

- **Si usted insiste en reconocimientos en efectivo , especifique los términos** Un gran ejemplo es un programa de incentivos que reconozca a los empleados con asistencia en efectivo para comprar una computadora. Esta pequeña recompensa pagará dividendos por años, permitiendo a los empleados entrenamiento adicional en el uso de una computadora (durante su propio tiempo). Además sirve como recordatorio constante, cada vez que se usa la computadora, de lo que ¡la compañía hizo por ellos! Esto construye lealtad y en última instancia mejora el desempeño.

- **Desarrolle programas de reconocimientos no en efectivo, algunos pueden incluir:**Some may include:
  - Programas de sugerencias (para reducir costos)
  - Empleado del mes
  - Reconocimientos a la puntualidad
  - Recompensas por trabajar turnos extra
  - Finalización exitosa de programas de entrenamiento
  - Entradas gratis al cine
  - Cartas/emails de Agradecimientos
  - Lugar de estacionamiento designado
  - Merchandise gratis, ej. Camiseta con su logo - esto, por supuesto, significa ¡publicidad gratuita!

- **Desarrolle más programas de recompensas en efectivo, algunos pueden incluir:** Some may include:
  - Cenas gratuitas
  - Certificado de cambio de aceite y lubricante gratuito
  - Tiempo de descanso
  - Certificado de Regalo (mejora del hogar, electrodomésticos, libros)

- **Ideas del programa de incentivos:** Programa de seguridad (identifique/elimine los riesgos de seguridad - ¿Cuanto le costaría el accidente a usted?)

- **Incentivos de lealtad** (1 año de empleo, 2 años, etc....)

- **Premios por comentarios de los clientes:** (programas de gratificaciones - tres comentarios positivos = cuantro horas libres!)

- **Regalos personalizados.** . Tómese el tiempo de escribir a mano una nota de felicitación. Esto es una gran diferencia en comparación con la nota generada con la computadora ¡que su secretaria tipea! Personalice plaquetas con sus nombre y aún sus fotos, etc.

- **Programas informales de reconocimientos - "reconocimientos en el lugar"** La idea es que usted no tiene que llevarlo a voto, a tablón, al comité de reconocimiento, etc.... Refuerce a sus gerentes a dar reconocimientos en el lugar (pequeños bonos, descansos, etc.). Los empleados saben que el gerente tiene este poder e incrementarán las ocasiones para ganar los reconocimientos por su trabajo duro.

- **Reconocimiento "Palmada en la espalda".** Este tipo de reconocimientos no cuestan nada – y usualmente retornan los mejores resultados. Los reconocimientos "Palmada en la espalda " son justo eso, rápidos, informales verdaderamente apreciados por los empleados. Un perfecto ejemplo es decirle al personal de la cocina que la comida que prepararon estaba deliciosa. ¡Esa es la satisfacción verdadera del empleo!

- **Reconocimientos de Pines y botones.** Pines, y botones y otros apliques para que lleve el empleado, orgullosamente. Empleado del mes, el Mejor de Todos, Mejor Sonrisa, etc., son de bajo costo, pero de alto retorno en satisfacción, además el empleado comparte el reconocimiento con todo aquel con quien entra en contacto.

- **Actividades Grupales.** Comidas del día de la moral, barbacoas, fiestas de cerveza, etc. Hágalas durante el día de trabajo normal para un bono doble – descanso y gran fiesta. Esto tiene diversos beneficios – demuestra que usted se interesa, permite a los gerentes socializar con los empleados y le da una oportunidad de unirse (¡probar que usted es humano también!).

- **Exhiba a sus empleados.** ¿Ha visto esos comerciales de Wal-Mart protagonizados por empleados de Wal-Mart? si, esos empleados son reales – ellos aparecen como recompensa por un desempeño superior

- **Reconozca a su gente en público.** El reconocimiento detrás de puertas cerradas pierde el poder de la presentación – ¡Una audiencia recuerda a reconocimiento!

CAPÍTULO 2

ELEMENTOS DEL SERVICIO

Pequeñas Fobias

Resultados del examen de "Food and Wine's" Comida en América 2002 indica claramente todo dueño/gerente de restaurante que el cliente considera a la atención una parte importante de la total experiencia de ir a comer. Resultados del examen incluyen los siguientes pequeñas fobias en las comidas:

Personal de Servicio que desaparece 23%

Personal de Servicio inútil/malhumorado 13%

Personal de Servicio que merodea 5%

Largas esperas entre platos 5%

Los platos especiales dados sin precios 2%

- **La comida es el por lo cual un cliente elige un restaurante, pero la atención es la razón mayor para que la clientela vuelva.** El buen servicio empieza con el conocimiento de los empleados del concepto, menú, vino del restaurante y su habilidad para compartir ese conocimiento con el cliente, pero abarca muchos otros factores también, (vea el próximo capítulo, titulado "Sistemas de Servicio de Entrega").

Sistema de Servicios de Entrega

Usted necesita definir que tipo de servicio tiene en su restaurante antes de que pueda definir los elementos que constituyen un buen servicio. Aquí hay una lista de los posibles tipos de servicio. Hay ventajas y desventajas para todos. ¿Entre cual de estos se encuentra su restaurante?

- **Francés.** El servicio francés es muy formal y la comida es cocinada o completada en una mesa de lado, en frente del cliente. Las aplicaciones comunes, en los restaurantes americanos, incluyen preparación de crepes suzettes o banana foster. En el servicio francés, dos personas sirven la mesa. La ventaja del servicio francés es que el cliente tiene una gran atención. La desventaja es que necesita personal altamente entrenado y consume más tiempo. Para mejorar su servicio usted querrá considerar preparar algunos postres o ensaladas, en la mesa de lado.

- **Ruso.** El servicio Ruso es formal como el servicio francés. La diferencia principal entre los dos es que, con el servicio Ruso, la comida es preparada en la cocina y servida al cliente desde fuentes en vez de en un plato. También, el servicio Ruso solo requiere un mesero. Es más rápido que el servicio Francés, pero se agrega el gasto de fuentes y utensilios para servir.

- **Inglés.** En el servicio inglés la comida es traida desde la cocina en fuentes y puesta antes del anfitrión o la persona en la cabeza de la mesa. Este estilo de servicio es usualmente utilizado para una cena en un cuarto privado de un restaurante más que para el servicio normal de un restaurante. El anfitrión sirve en platos las cenas y se los pasa al mesero para pasárselas a todos los invitados. Este estilo de servicio requiere mucho trabajo y puede ser consumidor de tiempo. Resulta un show agradable, sin embargo, para ocasiones especiales.

- **Americano.** El servicio americano es menos formal que los tres estilos previamente presentados y el tipo de servicio encontrando en la mayoría de los restaurantes americanos.

Básicamente, la comida es preparada y servida en platos individuales en la cocina, entonces llevada a los clientes.

- **Buffet.** El servicio de buffet se refiere a un tipo de servicio en que los invitados eligen sus platos, después los llenan con los artículos que han sido colocados en largas mesas en el área de comida. Este es el tipo de servicio en muchas bodas y otros eventos privados. Algunos restaurantes como el Old Country Buffet usa este como si estilo principal de servicio. Sin embargo, algunos restaurantes lo usan como parte de su servicio. Muchos establecimientos tienen su barra de ensaladas o desayuno que funciona de la misma manera.

- **Mostrador.** El servicio de mostrador es el tipo de servicio visto en los restaurantes de comidas rápidas. La ventaja del servicio de mostrador es la velocidad en que se puede servir al cliente. La desventaja es que el cliente recibe poca atención. Si usted quiere incrementar sus ventas ofreciendo un servicio que es más rápido que su servicio normal, considere ofrecer comida para llevar o reparto.

¿Izquierda o Derecha?

La literatura de los servicios de comida sugiere que hay un pequeño acuerdo en los lados correctos desde donde la comida debe ser servida. Sin embargo, hay una opinión de consenso generalizado relacionado con ciertos puntos del servicio que todo personal de servicio debería saber. Una regla principal que los meseros pueden seguir es que las mujeres son generalmente servidas antes que los hombres. Use las siguientes sugerencias de servicio como una guía:

- **Aperitivos y ensaladas.** Los aperitivos y ensaladas deberían ser servidas desde la derecha con la mano derecha. Los platos y cubiertos para los aperitivos y ensaladas frecuentemente son puestos previamente en la mesa.

- **Sopas.** Si se sirve sopa, asegúrese que el bol esté sobre un plato. Agregue un toque agradable, con una servilleta por debajo del bol. Las cucharas de la sopa deberían colocarse a la derecha del bol y la sopa servida desde la derecha.

- **Entradas.** Las entradas son también servidas desde la derecha. Debería ser colocada de manera que el elemento principal del plato mire hacia el invitado. Los platos y cubiertos para la entrada deberían ser ubicados en la mesa antes que la entrada llegue. Asegúrese que los meseros toquen los cubiertos solo por el mango y los platos por el borde. Si platillos son servidos en platos diferentes, deberían ser servidos desde la izquierda.

- **Postre.** Cuando se sirve el postre, la persona que sirve debe colocar los utensilios en la izquierda del invitado y servir el postre desde la derecha.

- **Bebidas.** Las bebidas son servidas desde la derecha y el café es servido desde la derecha.

- **Levantamiento de plato.** En general, todos los platos y otros utensilios deberían ser levantados desde la derecha.

- **Señas de que el cliente ha terminado** Estas señales incluyen ubicar la servilleta en el la cima del plato, empujando el plato a un lado y rotando el tenedor de arriba a abajo cruzando el plato, o cuchillo y tenedor ubicados juntos, y a un ángulo en el plato. Sin embargo, aún si su mesero ve estas señales en la mesa, el puede primero preguntar al invitado antes de levantar.

- **Recursos.** Para más información en servicio de protocolo,

visite el sitio CuisineNet en:
http://www.cuisinenet.com/digest/custom/etiquette/servin
g.shtm y el sitio Western Silver en:
http://www.terryneal.com/manners1.htm. Para el protocolo
de servicio de vino, visite Tasting Wine en:
http://www.tasting-wine.com/html/etiquette.html. Usted
puede encontrar preguntas de protocolos y servicio en el
sitio online de Manners Guy en:
http://www.terryneal.com/manners1.htm.

Conociendo lo que Quieren sus Clientes

Obviamente sus clientes quieren buena comida y buen
servicio. Ellos también quieren precios razonables. A fin de
que sus meseros puedan entregar un servicio excepcional, ellos
(y usted) necesitan conocer más específicamente que quieren sus
clientes. ¿Quiere su cliente típico ser cuidado en exceso o dejado
solo? ¿Tiende a querer una comida rápida o una comida de ritmo
pausado? ¿Quieren ellos haute cuisine o comidas simples? Eche
una mirada a las siguientes fuentes de información:

- **Investigación de la industria.** La investigación de la
  industria puede ayudarlo a obtener el perfil de sus clientes.
  También puede ayudarlo a descubrir que tipo de
  experiencia en restaurantes sus clientes buscan. Algunas
  fuentes online para información de la industria son:

  - Gallup Poll at www.gallup.com

  - La página de investigación de Nation's Restaurant
    News' research en:
    www.nrnresearch.com/NRNResearchHome.asp

  - El sito Web de la National Restaurant Association en
    www.restaurant.org

  - Consumer Reports on Eating-Out Share Trends

(CREST) en www.npd.com

- Sitio Web de Restaurant USA's en www.restaurant.org/rusa/magArticle.cfm?ArticleID=765

- El U.S. Department of Labor's Bureau of Labor Statistics' Consumer Expenditure Survey en www.bls.gov/cex lista resultados de exámenes que la oficina lleva a cabo en los hogares en cuales cada miembro del hogar mantiene una lista de sus gastos. Este examen anual puede dar información en cuanto dinero los clientes gastan en comida afuera de sus casas.

- *Restaurantes e instituciones Red Zone Survey en: www.rimag.com es un cuestionario llenado con las comidas compradas fuera de su hogar. Las preguntas incluyen cuando y donde la gente come, como hacen su decisión al elegir lugar, cuando gastan y que comen.*

- **Exámenes del cliente.** Los exámenes del cliente no tienen que ser elaborados y pueden darte una gran cantidad de conocimiento acerca de lo que los clientes quieren. Usted puede tener meseros que le den a su cliente un examen al final de su comida, o usted querría tener una caja de sugerencias que permita a los clientes darle un feedback (anónimamente) sobre su servicio.

- **Mezcla de ventas del menú.** Mirando a las ventas del menú le dirá acerca de los gustos de sus clientes en el pasado y de como esos gustos están cambiando. Mire a las ventas de su menú desde el último año y compárelo con la última semana. ¿Cuales son los artículos más vendidos? ¿Cuando estuvo ocupado y cuando tuvo períodos lentos?

- **Hable con sus meseros.** Los meseros son el punto principal de contacto con sus clientes. Hable con ellos para descubrir si los clientes están contentos con la nueva decoración del salón comedor o si el nuevo aperitivo del menú no esta saliendo muy bien.

- **Observación personal** Use sus propias habilidades de observación. Usted está en el salón comedor todo el día; ¿Sobre que cosas ve que sus clientes estén haciendo "oooh" y "aah"? ¿Qué hace poner una mirada amarga en las caras de sus clientes? También utilice su experiencia personal de comer en otros restaurantes. ¿Qué hace una verdadera comida para usted? ¿Cuáles son sus motivos de enojo en una comida?

¿Qué es lo que Hace a Un Gran Mesero?

Los meseros son esencialmente herramientas de marketing internas. Son el enlace entre sus clientes y las ventas, entonces usted quiere a un mesero que sea exitoso en comercializar su menú y establecimiento a sus clientes. Obviamente, el conocimiento y la experiencia hacen a una persona buen mesero, pero ¿que rasgos del carácter debería buscar en un individuo que le digan que va a ser un brillante mesero? Aquí hay algunas pautas:

- **Comunicador eficiente.** Uno de los trabajos principales de un mesero es comunicarse con los clientes y el resto de su personal. Los meseros deberían estar capacitados a comunicarse con un amplio rango de personalidades. Esta comunicación se extiende a las expresiones faciales y el lenguaje corporal. Si un mesero esta frunciéndole el seño a un cliente, el o ella esta comunicando emociones negativas, mientras que una sonrisa natural implica una emoción que da la bienvenida.

- **Alta energía.** La atención de un Restaurante es un trabajo duro que requiere muchas horas de caminar y largos períodos de pie. Los meseros necesitan estar posibilitados de mantener este nivel de energía, a través de todo un turno.

- **Flexibilidad.** Los meseros deben ser flexibles y capaces de manejar grandes demandas súbitas inesperadas que requieren de ellos que extiendan su turno. Ellos también necesitan ser flexibles y tolerantes en el trato con el público.

- **Poder manejar el stress.** El mundo del restaurante es uno muy estresante y los meseros tendrán que lidiar con el stress físico y mental, en forma diaria. Este stress puede tomar la forma de clientes irritantes, un equipo de cocina malhumorado, otro mesero que no atiende ni se esfuerza de la misma manera, o simplemente enfrentarse a una restaurante lleno.

- **Cooperativo.** Los restaurantes requieren una buena cantidad de trabajo en equipo y cooperación. Por lo tanto, los meseros deberían estar dispuestos a dar una mano y ayudar. Por ejemplo, un buen mesero ayudaría a la persona de ensaladas cuando estuviera retrasada; un mesero menos ideal se pararía a esperar por sus ensaladas, con las manos en la cintura.

- **Cortés.** Los meseros deberían ser atentos y corteses con sus gerentes, compañeros empleados y clientes. ¡No hay "sis", "ys" o "peros" sobre eso!

- **Deseosos de complacer a los demás.** Una persona que está trabajando de mesero debería tener satisfacción de complacer a las demás personas. Un mesero debe estar capacitado para poner su ego en jaque por el bien del cliente, ¡así como para el bien de la propina!

- **Empáticos.** Los Buenos meseros pueden leer al cliente rápidamente y ver si ellos quieren estar solos o están interesados en platicar. Esta habilidad para sentir y reflejar el humor de otra persona es de gran ayuda para saber en que tono dirigirse al cliente. Si un cliente solitario está leyendo, el mesero, no debería tardar en asumir automáticamente que la persona está sola. Si el cliente anima a la conversación, está bien, de lo contrario, el o ella estará simplemente interesado en el libro que trajeron.

- **Apariencia pulcra.** Los meseros necesitan ser pulcros y limpios. Su mesero indica que tan limpio y organizado está su establecimiento. Si el mesero corre frenéticamente hacia una mesa buscando por una lapicera, usando un delantal y una camisa sucios, el cliente va a sentir que esto refleja cuanto se interesa usted por el resto de su negocio.

Antes De Que El Cliente Llegue

Los meseros tienen muchas responsabilidades, previas al arribo de los clientes. Antes de empezar su trabajo, ellos tienen asignados puestos para el turno. Usted debe hacer estos puestos distribuidos lo más uniformemente posible. Desafortunadamente, no todas los puestos son iguales. Unos son mejores que otros, entonces tenga una política de rotar a los meseros por todos los diferentes puestos. Usted puede querer basar esta política en antigüedad o ventas, o usted puede preferir hacer una simple rotación imparcial. También considere las siguientes responsabilidades de los meseros:

- **Preparar las mesas.** Antes de que la puerta frontal se abra, los meseros necesitan asegurarse que todas las mesas en sus puestos están listas para los clientes. Limpie todas las mesas o verifique los manteles de lino, cerciorarse de están intachablemente limpias. También verifique los asientos y el piso por debajo de la mesa por migas o pegoteado. Verifique para asegurarse que los recipientes de condimentos estén llenos y que toda decoración se vea atractiva. Si hay flores frescas, asegúrese que estén todavía frescas. Si las velas se ven usadas, cámbielas. Los bussers los ayudaran con estas tareas durante el turno, pero el mesero será responsable de que estén completos estos preparativos, al comienzo y al final de un turno.

- **Servilletas, platería y cristalería.** Después de verificar las mesas, los meseros deben preparar los cubiertos y las servilletas. Si usted es dueño de un fino establecimiento de comidas, usted puede tener ciertos dobleces en las servilletas que los meseros deben crear. Asegúrese que los meseros verifiquen la limpieza de todos los cubiertos, copas de vino y copas de agua, ¡antes de ubicarlas en la mesa! Para recursos para el doblado de servilletas, vea los siguientes libros: "The Simple Art of Napkin Folding: 94 Fancy Folds for Every Tabletop Occasion " de Linda Hetzer, "Simply Elegant Napkin Folding" de Chris Jordan, o "Beautiful Napkin Folding" de Horst Hanisch. Estos libros están disponibles on line en: www.atlantic-pub.com, o verifique con su vendedor de libros o biblioteca local.

- **Prepare el área trasera.** Después que las mesas son preparadas, los meseros deberían preparar su área común. Ellos necesitaran hacer café y te helado, rellenar las jarras de agua, cortar limones, almacenar azúcar o crema, preparar las canastas de pan, reunir las ordenes para los clientes, y verificar la cantidad de menús infantiles y ubicar individuales.

- **Verificar el menú y los especiales.** Los meseros deberían también verificar el menú y los especiales del día. Si tiene un tablero donde escribe los especiales, Asegúrese que los meseros entren en el hábito de verificarlo y hacer preguntas sobre el, antes que sirvan al primer cliente. Es también una buena idea para los meseros de reveer el menú antes de servir para refrescar sus memorias. Esto es especialmente importante si usted emplea mesero de medio tiempo. Es fácil para las personas que solo trabajan unas pocas veces por semana olvidad los detalles.

- **Cierre.** Para cerrar el salón comedor después del turno, sus meseros deberían esencialmente hacer lo que hicieron cuando vinieron. Deberían volver a preparar todas las mesas y reabastecer cualquier artículo que se pueda, para el próximo turno. Si es el turno nocturno también asegúrese de apagar cualquier equipo que necesite ser apagado.

Como Proveer Un Gran Servicio

Un gran servicio no solo sucede por accidente. Hay muchas cosas que sus meseros y usted pueden hacer para dar a sus clientes un servicio excepcional. Considere las siguientes oportunidades:

- **Sonreir.** Esta es una de las cosas más simples y una de las cosas más importantes que sus meseros (y gerentes) pueden hacer. El sonreír establece el tono y pone a todos cómodos; pone al mesero alcanzable para el cliente. Si el personal no está sonriente y está malhumorado, los clientes pueden nunca retornar a su establecimiento.

- **Que los meseros permanezcan con los comensales.** En muchos restaurantes hoy, los gerentes usan varios empleados para servir una mesa. Mientras estos resulta en un reparto rápido, pueden confundir algo al cliente. Dé a sus meseros la oportunidad de conectarse con el cliente; déjelo ser el único enlace entre el restaurante y el cliente. Por supuesto, esto no significa que nadie debe ayudar al mesero si está retrasado.

- **Mantenga una base de datos.** Mantenga un registro de los gustos, desagrados, cumpleaños, aniversarios, etc. de sus clientes regulares. Nada hace a un cliente sentirse más especial que tener su cumpleaños recordado – ¡sin ni siquiera avisar! Use su sistema de computadora para desarrollar esa base de datos, o simplemente mantenga un anotador. Muchos restaurantes tienen sistemas POS que capturan información tales como cumpleaños, aniversarios, etc. Si usted no tiene ese sistema, cree el suyo propio. Usted puede capturar la información a través de exámenes a los clientes. De esta información al anfitrión/ona. Incluya los nombres de las personas y que le gusta beber a estos clientes en particular. También, informe a los meseros acerca de la próxima, ocasión especial.

- **Libro de visitas.** Asegúrese de que sus clientes llenen el libro de visitas: usted necesita una lista de correos de sus clientes para enviarles material promocional. Trate de recoger también fechas de nacimiento y aniversarios para su base de datos.

- **Recocimiento.** El reconocimiento es muy importante, pero no es necesario que sea elaborado. Puede ser tan simple como dirigirse al cliente por el nombre.

- **Escuche atentamente la información de los clientes.** Mejor comunicar de más que perder el balón. Los meseros pueden querer repetir la información de vuelta a los clientes, especialmente si el pedido es detallado. Esto hará saber al cliente que el mesero lo tomó correctamente. Si surestaurante no usa pedidos del cliente cuando se toma las ordenes del cliente en la mesa, este mecanismo puede ser particularmente importante para reasegurar al cliente.

- **Haga contacto visual.** Como una cultura, los americanos tienden a confiar en la gente que mira a los ojos. Mire directamente al cliente al que se está dirigiendo. Dé a sus clientes su atención completa y hágales saber que usted está escuchando. No se quede mirando la mesa, el piso o la decoración en la pared. Despeje su cabeza, sonría y preste atención. Asegúrese que usted esté en la mesa cuando habla. No hable a sus clientes mientras está deambulando. Hace a la gente sentirse sin importancia, y a nadie le gusta ese sentimiento.

- **Use un expedidor.** Un expedidor es alguien que mantiene el ritmo en la cocina. Esta persona mantiene la pista de la comida saliente de la cocina y se asegura que los meseros sepan donde están sus platos y que necesita será lo próximo llevado al salón comedor. Esta persona puede ser clave en asegurar que su servicio sea fluido y puntual. Usted no necesariamente necesita contratar a alguien para esta posición. Si sus veteranos experimentados querrían más horas, déjelos llenar esta posición en forma rotativa.

- **Cree códigos de taquigrafía.** Todos los restaurantes usan taquigrafía en las órdenes de los clientes para comunicar información. Es simplemente más rápido que escribir todo. Asegúrese de que sus meseros conocen bien los códigos apropiados. ¡Puede ser desastroso si empiezan a inventar los propios!

- **Reglas de la ruta.** Establezca reglas de tráfico en su establecimiento. Asegúrese que en los pasillos no se estorben. Por ejemplo, si dos meseros están caminando hacia la misma mesa, el primero debería ir a la parte más alejada de la mesa. Siempre deje al cliente ir primero, luego el mesero con comida y por último el busser.

- **Reglas de Recuperación.** Los accidentes suelen ocurrir, como usted maneja el accidente es lo importante. Primero, ofrezca una disculpa honesta. Segundo, tome los pasos para resolver el problema. Digamos que sus meseros derraman salsa de tomate en la camisa blanca de uno de sus clientes del almuerzo. El mesero debería inmediatamente ayudar a limpiar al cliente, luego el mesero o el gerente ofrecer pagar la tintorería. Sugiera que cliente le envíe la cuenta y usted puede hacerse cargo de ella. Si la comida de un cliente es equivocada o preparada incorrectamente, tome la comida del cliente que ha tenido que esperar, inmediatamente. Para ayudar a la recuperación, en estas situaciones, podría ser buena idea considerar tener un negociador. Esta persona podría trabajar durante las horas pico y básicamente vagar por el restaurante listo para arreglar y prevenir cualquier problema.

- **Encuesta de satisfacción del cliente.** Algunas personas son tímidas acerca de decirle que tuvieron una mala experiencia en su restaurante. Usted puede igual obtener un feedback de aquellos más clientes reticentes usando encuestas de satisfacción del cliente. Haga que el mesero se las ofrezca con la orden. Estas pueden ser autodirigidas y estampilladas para que el cliente pueda ponerlas en un buzón luego o ellos pueden llenarla y dejarla en la mesa. Usted puede, más tarde, compartir este feedback bueno o malo, con su personal. Use el feedback negativo para mejorar el restaurante. Use el feedback positivo para dar a los empleados específicos un elogio por su buen trabajo.

- **Sea cortés.** Pareciera que es sentido común, pero es increíble la cantidad de meseros que no tratan a los clientes con cortesía común. Asegúrese que sus meseros digan "gracias" y "de nada". Los términos "dama" y "caballero" son apropiados frecuentemente también.

- **Esté bien informado.** Uno de los mejores recursos que los meseros tienen para incrementar sus propinas es estar informados sobre el menú. Ellos deberían saber decirle al cliente si la soup du jour es tipo crema o si el langostino es sautéed o grillado. Use lenguaje condimentado con adjetivos cuando describa los artículos del menú; usted querrá proveer al cliente una imagen mental para que se le haga agua la boca. Por ejemplo, intente decir "Nuestro especial esta noche es costillas de cordero, estofado en un Merlot y brotes de romero y servido con un sabroso budín de pan de hongo salvaje y frescos espárragos asados". Los meseros deberían también estar bien informados acerca del establec- imiento en si mismo y estar capacitados a responder respuestas como horas de trabajo, tarjetas de crédito aceptadas y tipos de servicio disponible.

- **Atienda al cliente rápidamente.** Los clientes necesitan ser atendidos dentro de los 60 segundos de haberse sentado. No los deje esperando. la espera va a afectar negativamente el humor del cliente, y el humor del cliente va a afectar altamente la propina. Si el mesero esta abrumado de trabajo, entrene a sus anfitriones y bussers para ayudarlo. Aún parando por un segundo y diciendo "ya estaré con ustedes" pondrá al cliente confortable sabiendo que ha recibido un servicio puntual, bueno y en segundos.

- **Subir la venta.** venta incrementará las propinas porque muchas personas dan propinas en un porcentaje del total. Tenga meseros que sugieran entradas, postres y bebidas. sin embargo, no le de mano dura al cliente. Por ejemplo, si el cliente ordena un gin-tonic, el mesero podría decir "¿Usted prefiere el Tanguary, Beefeaters o nuestro gin de la casa?" esta simple sugerencia puede influenciar a un cliente a ordenar una marca de renombre antes que una buena marca.

- **Resuelva problemas.** Entrene a sus meseros a resolver cualquier problema. rápidamente. Usted también necesita entrenar al personal de la cocina sobre los problemas que necesitan ser resueltos inmediatamente. Si un cliente tiene un pedido equivocado, o su comida no esta preparada como lo solicitó, pida a sus meseros que se disculpen y se ofrezcan a resolver el problema. Los meseros deben también notificar a la cocina que la comida de reemplazo necesita ser realizada rápidamente. Si el mesero esta inseguro de como resolver un problema usted o un gerente necesitan estar disponibles para obtener una solución. Si alguien ordenó un bife medio jugoso y le fue servido un bife jugoso, haga parte de la disculpa una ronda gratuita de bebidas o postre.

- **Muestre gratitud.** Las personas están ocupándose por muchas cosas en su vida y usted tiene la chance de "Hacer su día". Exprese gratitud en el tono de su voz cuando agradece por ser clientes. Haciéndolos sentir apreciados los hará recordarlo. En como dan la propina y ¡la próxima vez estarán decididos donde comer!

Servicio – ¡Lo Que NO se debe hacer!

Como hay una lista de procedimientos intentados y probados que hacen un gran servicio, también hay una lista de cosas que llevan inevitablemente a un mal servicio, asegúrese de que sus mesero no estén entrando en ninguna de las siguientes prácticas.

- **Ser torpe con las manos.** Los meseros torpes no solo se ven mal, además pueden causar accidentes. Usted no puede tomar meseros de una escuela de señoritas, pero usted puede darle pistas en como manejar bandejas y platos. Para evitar contratar a alguien que no tiene la gracia requerida, haga que los aplicantes hagan una demostración de sus habilidades para servir, durante la entrevista.

- **Apariencia descuidada.** Asegúrese que la apariencia física de sus meseros da una buena impresión a sus clientes. Los uniformes de sus meseros deberían estar impecables. Todos sus empleados deberían estar bien arreglados y no deberían oler mal.

- **Actitud.** No deje que sus meseros escapen ignorando a sus clientes. Aún si un personal de servicio hace el trabajo adecuadamente, su actitud deja mucho que desear. Los meseros malhumorados que parece que están en un apuro, o que no miran a los ojos no hacen nada por los apetitos de los clientes.

- **No ser entrometido.** Los clientes quieren atención y servicio, no otra persona en la mesa. Entrene a su personal a ser atento, sin ser avasallador o entrometido. Los meseros nos deberían nunca tener trato personal con los clientes, ni se deben enganchar en conversaciones muy largas.

Servicio de Valor Agregado

¿Cómo se asegura que un cliente se convierta en un cliente repitente? La respuesta es simple – ofrecer un servicio excepcional. Hay ciertas conductas con las que los meseros deberían comprometerse para dar un buen servicio, entonces estas conductas transforman el servicio adecuado en servicio de valor agregado. Muchos de los mecanismos que los meseros usan para incrementar sus propinas son también mecanismos que lo ayudan a usted a incrementar sus ventas y ganancias. Aliente a sus meseros a utilizar algunas de estas estrategias:

• **Haga recomendaciones** Si, por ejemplo, un cliente no puede decidir por un plato o por un vino, asegúrese que su mesero ofrece recomendaciones. Por ejemplo, el mesero puede decir, "¡he probado el especial de halibut y estaba divino!". Enseñe a sus meseros como buscar por pistas acerca del tipo de experiencia de comida que los clientes están buscando. ¿Parece que es una ocasión especial? Si es así, los clientes están más dispuestos a ordenar aperitivos o postres. ¿Parecen que tienen un presupuesto reducido? Entonces sugiera platos de precios medios y bajos. Recuerde que son todas sugerencias; no deje a los meseros volverse insistentes.

• **Recuerde los gustos y desagrados de los clientes.** A todo el mundo le gusta ser recordado. Si usted tiene clientes regulares aliente a sus meseros a recordar sus gustos y desagrados especiales en la comida. Por ejemplo, si una pareja entra y siempre ordena el mismo vino, téngalo listo para la próxima vez antes de que pidan por el. Esta garantizado que va a encantar. Es probable que si fueran a pedir algo diferente esa noche tomaran "lo de siempre" por que aprecian que el mesero recuerde su preferencia.

• **Este dispuesto a personalizar.** Si un cliente pregunta por el bife sin salsa, diga "¡no hay problema!". Si el cliente quiere sustituir el arroz por papas, hágalo sin hacer gran escándalo, verificando con la cocina, o verificando con el gerente. Deja a sus empleados que sepan con anterioridad que pueden ofrecer sin tener que corroborarlo con otro.

Esto reflejara al mesero y en usted positivamente si el mesero no tiene que ir a pedir ¡permiso por todo lo que los clientes quieren!

- **Vaya más allá del llamado del deber.** Haga la experiencia de cenar en su restaurante inolvidable. Llame a un taxi para el cliente y ofrezca bebidas gratuitas si tienen una larga espera. Si esta lloviendo, tenga a alguien para que acompañe al cliente al taxi con un paraguas.

- **Sugiera alternativas.** Si la cocina ha agotado la existencia de un plato en particular, o las restricciones dietarias no permiten a un cliente ordenar un plato en particular, los meseros deberían ofrecer alternativas. Si, por ejemplo, hay un producto que contenga leche en el puré de papas y el cliente es alérgico a la lactosa, el mesero puede sugerir, "Nuestras papas al horno están hechas con aceite de oliva, ¿Quizás usted quiera sustituirlas con estas?"

- **Comensales Solos.** Los comensales solos están frecuentemente incómodos cenando afuera. Desafortunadamente, los meseros pueden aumentar esta incomodidad, ignorándolos. Asegúrese que sus meseros le prestan atención a esos clientes solos. Los clientes solos, sin embargo, frecuentemente sucede que son personas de negocios que usan las cuentas de gastos entonces las ventas y las propinas potenciales son altas. Si el cliente parece que quiere que lo dejen solo, siéntelo en una parte apartada del salón comedor. SI parece que estuvieran entusiastas a hablar, pase un momento conversando. Usted puede incluso ofrecer un material de lectura para comensales solitarios si usted piensa que lo hará sentir más cómodo. Tenga materiales de lectura disponibles – y un personal que conozca como ofrecerlo cortésmente.

- **Refuerce la elección del cliente.** Una pareja decide ordenar una botella de merlot y esta eligiendo entre el vino

A y el vino B. Halague la decisión hecha. Una vez que el cliente a hecho su pedido, hágalo sentir bien sobre el. Dígale que la tira de matambre se ve excelente esta noche o que el salmón entró hoy. ¡No le diga que el cerdo es mejor opción que el bife! Alienta a las elecciones de comida de sus clientes. El simple acto. de su parte, es decirles que usted ha probado lo que están ordenando y es fantástico, puede sacarles todas las ansiedades que tengan de hacer una mala elección.

- **Haga Recomendaciones Personales.** Dígale a los clientes que le gusta a usted. Esta no es venta sugestiva, por que es sincera y además no alienara a sus clientes. Su entusiasmo será contagioso, aun si el cliente no ordena lo que le haya recomendado. No le incomodara a ellos que usted esté excitado por lo que hay en el menú.

- **Traiga servilletas extra.** Si los clientes ordenan una comida que particularmente ensucie, como costillas en salsa de barbacoa o langosta en salsa de manteca, tráigales servilletas extra antes de que ellos se lo pidan. Usted debería proveer servilletas extra cuando los clientes comen con niños.

- **Anticipe necesidades.** Traerle algo al cliente antes de que lo solicite es una manera excelente para ganarse un cliente. Algunos meseros parece que tienen un sexto sentido para eso. Si usted conoce una marca en particular de escocés que es muy fuerte, por ejemplo, lleve al cliente una copa de agua con la bebida que requirió. Si usted esta sirviendo porotos rojos y arroz, incluya la salsa tabasco al mismo tiempo.

- **Rellenar el café.** Asegúrese que sus meseros provean rellenos de café, pero también asegúrese de que preguntan antes de servir. El cliente puede encontrarlo irritante tener la taza rellenada sin haber sido consultado. Si una taza a medio llenar a sido dejada reposar por un rato, reemplace la taza con una nueva antes de que rellenar la tibia.

- **Bolsita de Sobras.** Tome un momento extra con las bolsas de sobras. Es preferible que traer una caja para llenar con lo que le quedó al cliente, llenar los envases en la cocina. Agregue algo extra también, quizás un par de panes o salsa extra. También asegúrese que ha medido y ubicado los contenedores para ser llevados. Cuando un cliente llegue a la casa y encuentre su torta sin harina de chocolate de costado en un contenedor de sopa no tendrá una buena impresión del mesero – o del restaurante. Para fuentes de Bolsas de Restos, verifique con su compañía proveedora de papel. Usted también puede encontrar bolsas de sobras online en McNairn Packaging: http://www.mcnairnpackaging.com/productinfo.asp?lstLine=B&lstCategory=6.

- **Mantenga un ojo en sus mesas.** Aún si el mesero esta esperando en otra mesa, el debería tener un tercer ojo en las mesas de los demás. Si ve a un cliente mirando alrededor, para inmediatamente y pregúntele si hay algo que usted pueda traerle.

- **Acceso para discapacitados.** Asegúrese de que su restaurante es accesible para gente con discapacidades. Considerar una rampa en la puerta frontal, si hay escaleras. También tenga una mesa, o varias mesas, que tenga suficiente espacio para ubicar confortablemente una silla de ruedas. Si viene alguien a comer que sea ciego, pregúntele al cliente si puede ofrecerle algo de agua o algo de comer al perro guía. Para información acerca de cómo servir a clientes con discapacitados visite: http://www.mtsu.edu/~adatech/Newsletter/whatetiquette2.htm o http://www.lascruces.org/Administration/ada/etiquette.htm.

- **Clientes Ancianos.** Otra forma de dar servicio de valor agregado es hacer arreglos especiales para clientes ancianos. Asegúrese de que el mesero esta informado acerca del contenido nutricional del menú. Siéntelos en un área que proveea de buena luz para que ellos puedan para leer el menú. También, es más duro para los más mayores sentarse y levantarse de sus sillas, entonces tenga algunas sillas con apoyabrazos para hacer la vida más fácil para ellos. Hágales saber que lo hizo solo por ellos. Finalmente, asegúrese que los meseros responden a los clientes mayores con paciencia y respeto. ¡Esto lo apreciaran y le darán una propina acorde!

- **Agregando Festejos.** ¿Hay alguno de la mesa que tenga un cumpleaños? Déle a sus meseros maneras de hacer la noche festiva para los clientes. Algunos restaurantes tiene postres especiales para los cumpleaños y otras ocasiones. Otros establecimientos tiene al personal entero cantándole al individuo, aún un simple globo en la mesa hace la noche ser un poco más festiva.

- **Pedidos especiales** La clientela tendrá requerimientos especiales por varias razones. Un cliente puede odiar el queso de cabra y puede pedir un diferente tipo de queso en un sándwich vegetariano. Algunos clientes pueden también tener que enfrentarse a dietas especiales o alergias a las comidas. ¡Un restaurante que no hace mucho escándalo sobre las "sustituciones" ¡puede ganar fácilmente el corazón de los más restrictos o maniáticos comensales!

- **Ganchos para bolsos y abrigos.** Si usted no tiene un guardarropa, agregue ganchos a las cabinas para abrigos y bolsos, o provea sostenes de abrigos en el área del lobby.

- **Calculadoras con la cuenta.** Usted puede querer tener minicalculadoras adjuntadas a las cuentas de los clientes. Esto ayudará a los clientes a encontrar como dividir cuentas y calcular propinas, ¡sin exigir sus cerebros! ¡si ellos han disfrutado una relajante comida, sus clientes apreciarán el esfuerzo por mantenerlos en ese estado de ánimo!

- **Clientes de negocios.** Disponga a sus meseros para que hagan un esfuerzo extra por sus clientes de negocios. Ofrezca a estos clientes servicio rápido. Usted pueden también proveerlos con algunos servicios adicionales, tales como fotocopias, y uso del teléfono y block de notas, papel y lapiceras para hacer notas.

- **Paraguas cuando llueve.** Es posible que, dado los patrones del clima en su área, sus clientes lleguen sin paraguas, y encontrar que esta lloviendo cuando se están yendo. Ofrézcales paraguas para ayudarlos a llegar a sus autos u oficinas. Esto puede ser un gran incentivo para tener tenerlos de vuelta en una fecha posterior para devolver el paraguas. Ponga el nombre y logo en el paraguas y quizás no es la peor cosa si se olvidan devolverlos.

- **Dueño o gerente en el salón.** La gente quiere conocer a la persona a cargo. Aprecian que álguien importante esté rondando.

- **Envíe faxes con la ubicación a los clientes.** Envíe faxes con la ubicación a los clientes. Tenga un mapa a mano y cuando los clientes le pregunten por direcciones para llegar a su restaurante, ofrézcale mandarles un fax. Si no tienen un fax, asegúrese de que puede darles instrucciones claras y explícitas por teléfono. Tenga las instrucciones en su sitio Web también. (¿No tiene un sitio Web? ¡obtenga uno hoy!) Vea www.gizwebs.com.

- **Cámara en el Local.** Si los clientes están celebrando pero se olvidaron la cámara, tenga una cámara instantánea a mano y saque algunas fotos para que ellos lleven a su hogar.

- **Nunca piense en la propina.** Enfoque su energía en preocuparse por sus clientes, haciéndolos felices, haciendo cosas que excedan sus expectativas y haciendo sus comidas lo más agradables como es posible. Así es como usted constantemente obtendrá grandes propinas.

- **Dígales a los cocineros buenas noticias.** Así como usted necesita ser sensible con el humor de sus clientes, sea sensible con el humor del equipo de la cocina. Los cocineros no quieren escuchar acerca de cosas que estuvieron equivocadas. Pase las buenas noticias a ellos y ellos probablemente harán mucho más fácil para usted ocuparse de los clientes.

- **Note a los zurdos.** Es una cosa pequeña, pero si el cliente ha movido su copa de agua y/o sus cubiertos del otro lado del plato, sirva sus bebidas desde ahí. El lo apreciará.

- **Haga sus movimientos invisibles.** Esto significa que se mueva a la velocidad del salón. El buen servicio es invisible: la comida y la bebida llegan sin un pensamiento de parte del cliente. Si el salón esta tranquilo, no lo disturbe. Si está un poco más movido, muévase un poco más rápido. Encontrará que encajar a la perfección con la atmósfera incrementará la diversión de sus clientes – y es una gran manera de estar enfocados.

- **Cuéntele a sus clientes acerca de eventos específicos en su restaurante e invítelos a volver.** Provea una oportunidad de construir conexiones personales. Por ejemplo, invite a los clientes a retornar por especiales de costilla los martes. Es mucho más efectivo que solo decir "Gracias, .Vuelvan otro día". Mientras están ahí, invítelos a sentarse en su puesto. Será preferible que usted recuerde sus nombres y que les gusta.

Artículos de Cortesía

La gente se preocupa mucho menos cuando tiene un vaso de vino de cortesía o sidra tibia para mantenerlo caliente, o el diario local o revista para que lea. Ellos apreciaran que usted vaya una milla extra. Es algo que lo distingue de la competencia y les dá algo de que hablar.

- **"cosas ricas" gratuitas mientras esperan.** ¿hay una larga espera por una mesa en su restaurante los sábados por la noche? Considere enviar a un mesero a través del área de espera con una bandeja de aperitivos para la gente en la fila.

- **Usted puede querer ofrecer artículos de cortesía, en la mesa.** Si usted tiene una canasta de pan, usted puede servirlos con un diente de ajo asado y aceite de oliva.

- **Considere ofrecer café de cortesía con el postre.** Es una forma de bajo costo de ganar clientes.

- **"Degustaciones".** A good come-on is to give patrons sips of wine or small tasters of your specialty dishes – but only enough to whet the appetite!

- **Llamadas locales gratuitas – con un teléfono inalámbrico.** Esta puede ser una gran conveniencia para los clientes, permitiendo cambiar planes de viajes, contactar amigos y manejar detalles fastidiosos – sin costo virtual para usted. Haga conocer a los clientes que usted ofrece este servicio , le ayudará a separarse de la competencia.

- **De a la gente algo por nada.** ¿Tiene nuevos artículos de menú que se lanzan la semana que viene? ¡Por que no dar muestras gratis hoy! No hay nada que a los clientes le guste más que algo por nada y es otra gran manera de distinguirse de la competencia.

- **Tarjetas postales y franqueo gratuito.** ¿hace mucho negocio turístico? Si sus clientes están esperando – o aún si no lo están – ¿Por que no darles postales estampadas (describiendo a su restaurante, por supuesto) para enviar su mensaje "quisiera que estuvieras aquí"? es un precio muy bajo que pagar por dar a sus clientes algo que apreciaran y permitirán a ellos enviar su publicidad a todo el mundo.

Preocúpese por los Niños

Más y más dueños de restaurantes de están dando cuenta de la importancia de lo atractivo para los niños. Los niños tienen una gran influencia en lo que come la familia. Para ganar la lealtad de los niños y sus familias usted debe crear un ambiente amistoso para el niño. Su mesero juega un gran papel en hacer a su establecimiento amistoso para el niño, pero usted también. De a sus meseros herramientas que puedan usar para lograr su meta. Aquí hay algunas sugerencias

- **Provea a los niños con menús para colorear.** Tenga muchos crayones o juegos listos, para mantener a los niños ocupados hasta que la comida esté servida. Dos compañías donde usted puede encontrar crayones, individuales de niños y juguetes de mesa son:
  - Binney & Smith, Inc., www.binney-smith.com
  - Sherman Specialty Co., Inc., www.shermanspecialty.com

- **Servicio Rápido.** Asegúrese de que su personal sirve las bebidas de los niños y algo para masticar, lo más rápido posible, si se ve que el pedido puede tardar un poco más. Admitiendo, que sus meseros no son niñeras, pero todo lo que puedan hacer para ayudar a los padres a tener una comida relajante y para entretener será bienvenido por sus clientes con niños. Prestando atención en los niños también ayuda a los demás clientes, ya que ¡un niño ocupado es menos probable que esté gritando!

- **Entrene a sus meseros a hablar a los niños** asi como también a sus padres

- **Asegurese de que tiene muchas sillas altas y asientos a presión.**

CAPITULO TRES

EMPLEO Y DESPIDOS

Empleo – Información Esencial

El primer paso en desarrollar un personal que maximice sus ganancias es contratar a la gente correcta desde el principio. Contratando a las personas correctas para el trabajo, usted ahorra dinero y tiempo en la búsqueda, contratación y entrenamiento de reemplazos. Usted tiene menos movimientos y problemas morales de que preocuparse. Aquí hay algunas claves esenciales para ayudarlo a hacer lograr un éxito del proceso de selección:

- **Regulaciones Federales.** Hay muchas regulaciones federales sobre contratar empleados, así que asegúrese de conocer las reglas antes de empezar. Un gran recurso para leyes federales es el U.S. Department of Labor's Employment Law Handbook. Para acceder a esta información, vea: http://www.dol.gov/asp/programs/handbook/main2.htm.

- **The U.S. Department of Labor's Elaws,** provee a los dueños de negocios con herramientas interactivas que proveen informaciones sobre las leyes de empleo Federal. www.dol.gov/elaws

- **Pautas Uniformes en Procedimientos de Selección.** Este provee otra guía útil para hacer decisiones de contratación. Esto puede ser visto en: http://www.uniformguidelines.com/uniformguidelines.html#3

- **Información de RRHH.** El sitio Web del Council on Education in Management's en: www.counciloned.com es una buena fuente de recursos humanos para información y entrenamiento.

La Solicitud

Haga siempre que los candidatos al trabajo llenen una forma de solicitud. La forma de solicitud le da información en las habilidades y experiencia de la persona. Los siguientes consejos lo ayudaran a hacer más eficiente su proceso de solicitud:

- **Archivo de solicitud.** Usted debe guardar las solicitudes en un archivo por un año. Esta es una buena fuente a usar para buscar por empleados potenciales la próxima vez que se tiene una vacante. Preferible a la publicidad, busque en su archivo de solicitudes primero. ¿Había allí alguien que se destacara y no tenía una vacante en ese momento?

- **Referencias.** Asegúrese de que su forma de solicitud tiene un lugar para la lista de referencias del candidato. ¡Entonces use esta información! Muchos problemas futuros pueden ser evitados si usted puede llamar a dos o tres referencias. Pregunte al referente que trabajo realizó el candidato, que período de tiempo trabajo para el referente, si el candidato se llevaba bien con supervisores y compañeros, si el referente hubiera considerado alguna vez contratarlo de nuevo.

- **Pruebas.** Usted puede querer considerar hacer pruebas de habilidad de trabajo en su proceso de solicitud. Quizás usted podría dar al candidato un corto examen de matemática o pedirle que demuestre como serviria a un cliente.

Descripciones del Trabajo

Muchos restaurantes han trabajado por años sin descripciones escritas del trabajo. Pero, descripciones del trabajo no solo hacen su vida más fácil; ¡también puede ayudar a protegerlo en caso juicios por despido ilícito! Una descripción de un trabajo debería incluir:

- **Componentes de la descripción de un trabajo:**

  - El título del trabajo

  - Nombre del supervisor

  - Un resumen del trabajo

  - Deberes del trabajo (un esquema de los deberes del trabajo)

  - Condiciones de Trabajo: La persona en esta posición trabajará en un establecimiento restaurante con aire acondicionado. El trabajo requiere largas horas de pie, levantar, llevar, caminar y agacharse.

- **Razones para tener descripciones de trabajo** Hay muchas razones, no solo que le ayudan a seleccionar empleados calificados, en primer lugar. Las descripciones de trabajo también ayudan a los nuevos empleados a saber que se espera de este trabajo. También puede ser usado como listas de control y como se declaró previamente, son documentos importantes en los juicios por despidos ilícitos y discriminatorios. Finalmente, las descripciones de trabajos son un buen instrumento de medida para las evaluaciones de revisión de desempeño.

- **Recursos acerca de como escribir descripciones de trabajo.** Verifique el manual de la descripción de trabajos y software de empleados en Atlantic Publishing: www.atlantic-pub.com 1-800-541-1336. usted también puede obtener información en escribir descripciones de trabajo y otros asuntos de administración de personal teniendo en cuenta uno de los talleres de organización del Restaurant Staff Management. The Restaurant Workshop en: www.restaurantworkshop.com también tiene información relacionada a escribir descripciones de trabajos.

- **En la siguiente página encontrará un ejemplo de una descripción de trabajo de un mesero.**

Entrevistando

La solicitud le dará alguna información acerca del potencial del empleado, pero la entrevista de trabajo le dará más. Cuando esté entrevistando, no use un guión; tenga una conversación. Enfóquece en lo que anime al candidato. Haga preguntas con final abierto y busque respuestas reflexivas. También haga participar de la entrevista a otros empleados así de esa manera puede comparar impresiones. Busque para sus nuevos empleados aquellos que sean dóciles al entrenamiento cruzado y nuevas oportunidades. Pregunte como se siente acerca de tomar nuevas responsabilidades y que otras posiciones le gustaría aprender. Aquí hay algunas pautas que lo ayudaran a través del proceso de entrevista:

- **Que debe llevar a la entrevista.** Sea sistemático. Antes de ir a una entrevista, prepare una lista de preguntas. también, asegúrese de leer la solicitud antes de sentarse para la entrevista. Tenga la descripción del trabajo, horas esperadas, información del pago, y políticas generales del restaurante en frente de usted. Discuta esos detalles con el candidato. Informe al solicitante el plazo de tiempo en el cual se le comunicara acerca del cargo. Pregunte si el solicitante tiene alguna pregunta antes de terminar la entrevista.

- **Donde entrevistar.** Haga la entrevista en un lugar tranquilo, tal como puede ser una mesa trasera en un momento tranquilo. Muchos dueños de restaurantes y gerentes le gusta mantener las entrevistas y aceptar las solicitudes entre la mitad y final de la tarde entre el almuerzo y la cena. Asegúrese de eliminar las distracciones. Solicite a su personal que no lo interrumpa y deje su teléfono celular y pager en el escritorio.

- **Desarrolle simpatía.** Las entrevistas de trabajo son estresantes. Tome ciertos minutos al principio de la entrevista para charlar y calmar al solicitante. Esto dejará a la persona relajada y la entrevista será más exitosa.

- **Primeras impresiones.** La entrevista es donde usted tiene la primera impresión de su potencial empleado. Note lo que están vistiendo. Recuerde, esta primera impresión es la misma que obtendrán los clientes también. Usted también puede tener un sentimiento por su puntualidad. ¿Arribó a tiempo? Mejor aún, ¿llegó cinco minutos antes? ¿Parecían ser organizados? ¿Tenía toda la información que necesitaba para llenar la solicitud?

- **Que buscar en una persona que usted esta contratando para mesero.** Busque pasión por el servicio. Frecuentemente esto es más importante que un montón de experiencia anterior. La gente con formación no tradicional son frecuentemente más flexibles. También recuerde las habilidades personales son más importantes que las habilidades técnicas. Usted puede fácilmente enseñarle habilidades técnicas. ¿Mira el candidato a los ojos? ¿Sonríe? ¿Se muestran calidos y amistosos o distantes? ¿Que le dice su lenguaje corporal? Álguien que se sienta atrás con sus brazos doblados envía una señal negativa. Álguien que se siente adelante, sin embargo, señala interés y entusiasmo. Busque por meseros con personalidades extrovertidas que serán buenos vendedores.

DESCRIPCIÓN DEL TRABAJO

Título del Trabajo: Mesero

Supervisor: Encargado Auxiliar

Summary: La función principal del mesero es la de preocuparse de servir a los clientes en tiempo y forma. Las funciones principales de esta posición incluyen:

Deberes del Trabajo:
- Tomar pedidos de comidas y bebidas;
- Entregar los pedidos al cliente de manera oportuna;
- Servir comida;
- Rellenar bebidas;
- Procesar los pagos de los clientes;
- Limpiar mesas;
- Preparar las mesas al comienzo del turno. Esto incluye rellenar los recipientes la sal y pimienta y ubicar los cubiertos y
- mantelería;
- Otros deberes incluyen preparar las canastas de pan, preparar la barra de ensalada y asistir al barman;
- Rellenar el área de servicio

Habilidades y Calificaciones Requeridas:
- Extrovertido, personalidad agradable;
- Deseoso de complacer a los invitados/clientes;
- Habilidades Matemáticas;
- Experiencia previa en restaurante;
- Habilidad de levantar 30 libras y estar parado 8 horas;
- Habilidad de trabajar en un ambiente de equipo.

Condiciones de Trabajo La persona en esta posición trabajará en un restaurante con aire acondicionado. El trabajo requiere largas horas de pie, levantar, llevar, caminar y agacharse.

- **Preguntas que no se pueden hacer en una entrevista.**
Mientras ninguna pregunta en particular está expresamente prohibida bajo la ley federal, el EEOC desaprueba algunas preguntas que directa o indirectamente indagan sobre raza, religión, sexo, nacionalidad de origen, o edad. Es inapropiado, por ejemplo, preguntarle a las mujeres acerca de sus obligaciones familiares o de si planea quedar embarazada. Si no está seguro de si una pregunta es apropiada, vaya a lo seguro y no pregunte. Aquí hay algunos ejemplos de preguntas apropiadas e inapropiadas para hacer en una entrevista:

- **Inapropiada** ¿Cuantos años tienes? ....
Apropiada: *¿Tiene más de 18 años? (verifique las leyes estatales de licor y asegúrese de si es lo mayor suficiente para servir alcohol)*

- **Inapropiada:** *¿Tiene algún defecto físico?*
Apropiada: *¿Tiene alguna discapacidad que podría afectar negativamente el desempeño en el trabajo?*

- **Inapropiada:** *¿Cual es su religión?*
Apropiada: No pregunte, pero usted puede darle el horario de trabajo así ellos pueden decirle si interfieren con el servicio religioso.

- **Inapropiada:** *¿Está casado?*
Apropiada: No pregunte. Puede preguntar por información de un contacto a una persona en caso de emergencia, sin embargo.

- **Inapropiada:** *¿Fué arrestado alguna vez?*
Apropiada: *¿Ha sido condenado de un delito criminal?*

- **Inapropiada:** *¿Cuanto pesa usted?*
Apropiada: No pregunte.

- **Información adicional.** Para más información acerca de

estrategias legales y apropiadas para entrevistas, visite
http://www.doi.gov/hrm/pmanager/st13c3.html y
http://www.doi.gov/hrm/pmanager/st13c.html. The
National Restaurant Association también ofrece una
publicación titulada The Legal Problem Solver for
Restaurant Operators. Usted puede ordenar esta
publicación online en: www.restaurant.org.

- **Preguntas que usted querrá preguntar.** Empiece
  reviendo la historia de trabajo del solicitante. Usted debería
  preguntar también si algo interferiría a la persona para
  llegar al trabajo a tiempo. Usted debería preguntar especificaciones acerca de la experiencia. ¿Ha servido vino alguna
  vez el candidato? ¿Cuántas mesas ha servido al mismo
  tiempo? ¿Ha preparado ensaladas con anterioridad? Usted
  también querrá dar al candidato preguntas hipotéticas para
  ver como reaccionarían en situaciones particulares. Por
  ejemplo, pregunte al candidato, "Si un cliente devuelve una
  recientemente abierta botella de vino, ¿Qué haría usted?" o
  "Es un sábado a la noche, uno de los meseros ha avisado
  que está enfermo y el la persona de las ensaladas ha
  renunciado. ¿Cómo reaccionaría?". Ese tipo de preguntas
  pueden decirte acerca del conocimiento del trabajo y que
  también trabaja una persona bajo presión.

- **Preguntas de final abierto.** Algunas preguntas solo
  requerirán un si o no como respuesta. Por ejemplo, "¿Ha
  trabajo de mesero antes? Usted también hacer preguntas de
  final abierto para darle al solicitante una oportunidad de
  hablar. Recuerde, un solicitante a un trabajo debería hacer
  el 80% aproximadamente de toda la charla. Por ejemplo,
  usted podría pedir a un solicitante describir que le gustaba
  más acerca de los trabajos anteriores.

- **Tome notas.** Asegúrese de tomar notas durante la
  entrevista. Esto hará más fácil comparar los candidatos
  potenciales cuando hace una decisión de contratación.

- **Una entrevista en equipo.** En los restaurantes, las entrevistas son típicamente conducidas por los gerentes. Usted puede pensar acerca de incluir a otros en el proceso de selección. Si usted esta contratando a un nuevo mesero, por ejemplo, puede querer que el capitán de meseros lo entreviste con usted. Esta persona puede pensar y hacer preguntas importantes que usted no haría. No incluya a mucha gente, sin embargo, por que probablemente ¡hará poner al candidato en una bola de nervios!

- **Recontratación.** Considere volver a contratar a empleados antiguos talentosos. Volviendo a contratar a alguien usted ahorrará tiempo y dinero en reentrenamiento. Sin embargo no ponga simplemente a esta persona en la línea del frente. Dé al recontratado la misma información que al nuevo contratado y proporciónele la cantidad apropiada de entrenamiento.

- **Banderas rojas en una entrevista.** Tenga cuidado de los individuos que muestran mucho interés en horas, beneficios, sueldos y títulos durante el proceso de entrevista. Este interés puede señalar que una persona así no está tan interesada en trabajar. También, busque los lapsos largos de tiempo en la sección de la historia de trabajo de la solicitud. Pregunte a la persona que hizo en ese tiempo. Ellos pueden simplemente haber tomado ese tiempo para criar hijos o podría señalar problemas.

- **Reclutando un equipo.** Cuando está contratando, usted querrá encontrar gente que va a dar una mano y a ayudar. Básicamente, usted querrá que la que gente pueda funcionar bien como parte de un equipo. Cuando recluta, evite las super estrellas y buscar tanto habilidades técnicas como ser bueno con la gente. Usted querrá preguntar acerca de los equipos en los cuales ha estado (equipos u otros). También pregunte como ha manejado los conflictos con los compañeros de trabajo en el pasado.

- **Hay cuatro 'estilos de personalidad de jugadores de equipo'** En general hay cuatro tipos de personalidad que funcionan bien en un ambiente de equipo. Los mejores equipos tienen un balance de todos los cuatro y miembros. Mantenga sus ojos abiertos por este tipo de individuos:

  - El contribuidor – hábil técnicamente, orientado a las tareas, entrenador nato. Excelente líder en la cocina o personal busser orientado al detalle;

  - El colaborador – orientado a metas, rápido para ayudar. Excelente en el personal del frente del local.

  - El comunicador – orientado a procesos, gerente del salón principal, mesero, anfitrión – buen entrenador, habilidades para escuchar y resolver problemas.

  - El Desafiante – franca y abiertamente ayuda al equipo a explorar la mejor forma de hacer las cosas. Con altos principios, dispuesto a no acordar, denunciante.

Orientación del Empleado

Cada nuevo empleado debería recibir una orientación a su negocio o a su trabajo. Todos los dueños de restaurantes mandan frecuentemente a sus empleados a los lobos, en primer lugar, porque están faltos de personal y faltos de visión. La orientación incluye:

- **Tour.** Una de las primeras cosas que usted debería hacer es darle a cada nuevo empleado un tour por el establecimiento. Asegúrese de señalar donde poner sus pertenencias y donde puede tomar descansos, así como las áreas para noticias de los empleados.

- **Presentaciones.** Es también importante presentar a la

nueva persona a sus compañeros de trabajo. Cuando haga la presentación señale gente a la cual el nuevo empleado puede volver por orientación. Déjelo conocer quien el líder de equipo y quien está desde hace un tiempo y estará dispuesto a responder preguntas.

- **Papeleo de contratación.** Este es un buen momento para hacer que el empleado llene los papeles de contratación. Estos papeles deberían incluir la forma I-9, papeleo impositivo y una hoja de datos del personal a quienes contactar, en caso de emergencia. Es también una buena idea de verificar con las agencias locales acerca de papeleo adicional que pueda requerir.

- **Materiales de orientación.** Aquí hay una lista de cosas que usted querrá incluir el en paquete de orientación:
  - Procedimientos de programación de horarios
  - Requerimientos de uniformes
  - Beneficios del empleado
  - Políticas de comidas del empleado
  - Procedimiento de reporte de propinas
  - Política de comida y bebida del empleado como cliente mientras esta fuera de servicio
  - Periodos de pago y procedimientos de fichado de entrada y salidas
  - Descripción de trabajo
  - Planes de seguridad y emergencia
  - Copia del menú y lista de vinos
  - Copia de una lista llamado de empleados

- **Recursos Online.** Un buen recurso online para información en como desarrollar un programa de orientación es "Deliver the Promise" en: www.deliverthepromise.com. Este sitio también ofrece información en estrategias para retener empleados, también como para las funciones de mentor y entrenador. También provee orientación al empleado online. También HP invent en:

http://www.hp.com/education/courses/orient_service.html
para información en su servicio de orientación al empleado.

Fuentes de Reclutamiento

¿Donde encuentra a los buenos empleados? Poner un anuncio en el periódico local es siempre lo primera cosa que viene a la mente, pero este puede no ser su mejor fuente de empleados. Considere las siguientes alternativas también:

- **Promover desde adentro.** Promover desde adentro es una fuente excelente. Los recepcionistas y bussers están frecuentemente ansiosos por ser promovidos a personal de servicio por el incremento en sus ingresos y prestigio. Este método no solo hace motivar a sus trabajadores actuales, además ahorra dinero en entrenamiento, por que esta gente ya conoce bastante sobre el establecimiento y la posición. Es mucho más fácil y barato encontrar bussers y anfitriones y entrenarlos que reclutar y entrenar a un nuevo mesero.

- **Referencias de empleados.** Pregunte a sus empleados si tienen amigos o parientes que estén buscando trabajo. Frecuentemente un empleado no recomendará a un amigo a menos que esté seguro que su amigo no va a hacerle pasar vergüenza haciendo un trabajo pobre, así que ¡es probable que usted obtenga buenos nuevos empleados de esta manera! Ofrezca un incentivo a los empleados por ayudarlos a reclutar. Usted puede ofrecer a un empleado un bono de $25 por cada referido; si la persona funciona y se está por un año, de a los dos empleados un bono en efectivo al final del año.

- **Puertas abiertas.** Mantenga puertas abiertas para encontrar nuevos empleados, esta estrategia es particularmente efectiva. Si usted esta buscando llenar diferentes posiciones de una vez. Esto puede tomar más trabajo que una simple entrevista, pero puede valer la pena. Haga que sus gerentes u otros empleados le ayuden. Asegúrese de anunciar las puertas abiertas.

- **Reclutamiento Externo.** ¡Demostraciones comerciales de restaurantes son excelentes lugares para reclutar! Considere usar otros eventos para propósitos de reclutamiento tales como degustaciones de vino, festivales de comida y exposiciones de carrera.

- **Clientes.** ¿Hay un cliente regular buscando empleo? ¡Qué gran fuente! Usted sabe que a ellos ya les gusta su restaurante así que ¡ellos probablemente sean buenos vendedores, también!

- **Organizaciones industriales y sitios Web.** Many industry Web sites have pages for posting jobs and resumés. Check out a few of the following sites:
  - National Restaurant Association, www.restaurant.org

  - Nation's Restaurant News, www.nrn.com

- **Universidades del área.** Muchos estudiantes universitarios están buscando por una fuente de ingreso y un horario que pueda trabajar e ir a clases. Muchas de estas universidades también ofrecen artes culinarios o programas gerenciales de restaurantes. Vea a los siguientes sitios Web por ejemplo: Texas State Community College en www.waco.tstc.edu o Phoenix College en www.pc.maricopa.edu/index.html.

- **Escuelas culinarias.** Verifique las escuelas culinarias locales y nacionales. Ellas usualmente tiene un lugar en sus páginas Web para que la gente deje sus currículos. Algunos ejemplos incluyen: CIA, http://www.ciachef.edu/, Sullivan's University in Louisville, Kentucky en:

http://www.sullivan.edu/programs/program2.htm y New England Culinary Institute en: http://www.neculinary.com/. La página Web del National Restaurant Association's tiene un lista de las escuelas culinarias/de hospitalidad en todo el país. Para más información ingrese a: http://www.restaurant.org/careers/schools.cfm.

CAPITULO CUATRO

RETENIENDO A SU PERSONAL DE SERVICIO

Cambio de personal

La industria de restaurantes es notoria por no poder retener a los buenos empleados. Los grandes recambios de empleados envían un mal mensaje a empleados y clientes. Los clientes no recibirán el mejor servicio que usted puede ofrecer por que usted esta entrenando constantemente gente nueva – y la moral de los empleados caída. Las altas tasas de recambios indican un problema que debe ser investigado. Pero, antes de que usted trate de solucionar el problema, determine la causa. Aquí hay unas estrategias excelentes para retener a sus empleados.

- **Reclutamiento.** Reclute a la gente correcta para trabajar en su restaurante. Determine el tipo de trabajador que necesita antes de decidir que fuente de reclutamiento usar. Si usted tiene un establecimiento fino y usted necesita un mesero habil, busque en los sitios Web de la industria, use servicios de empleo, referencias de empleado y estudiantes de la escuela de hospitalidad. Usted obtendrá un mesero más habil estas fuentes que alguien que entra desde la calle o alguien que contesta un aviso de un diario.

- **Entrevistando.** Explique a los entrevistados exactamente lo que su trabajo implica. Dele la mayor información posible acerca del trabajo y descubra que es lo hacer puede de el. ¡Asegúrese de verificar las referencias!

- **Entrenamiento** Dele a sus empleados las herramientas que necesitan para hacer un buen trabajo. No solo contrate un personal y después dejarlo ir a su trabajo. Entrene y reentrene a su personal. Comuníquele a ellos lo que necesita que hagan y como quiere que lo hagan.

- **Comunicación.** Mantenga las líneas de comunicación abiertas con sus meseros. La pobre comunicación lleva a la frustración e insatisfacción del empleado, empeorando el servicio y aumentando el recambio. El entrenamiento es una forma de comunicación, pero hay muchas otras posibilidades. Ponga un tablero de información para noticias importantes o nueva información. Por ejemplo, si usted tiene un nuevo artículo en el menú, ponga una descripción y una foto de cómo debe lucir el plato. Comuníquese diariamente. Una política de puertas abiertas para la sugerencias de los empleados y/o problemas sirve bastante para mantener las líneas de comunicación abiertas.

- **Entrevistas de salida.** Cuando alguien se va, asegúrese de tener una entrevista de salida. Las entrevistas de salida pueden decirle por que la persona esta yéndose y puede ser útil para encontrar formas de mejorar el establecimiento. ¡Usted puede también descubrir por que la gente quiere trabajar para usted! Las entrevistas de salida se preparan de la misma manera que las entrevistas de contratación. Asegúrese de mantener la entrevista de salida en un lugar privado y tranquilo. Las preguntas hechas durante las entrevistas de salida incluyen:

  - ¿Qué le gusto y que le disgusto de trabajar aquí?

  - ¿Qué tipo de habilidades/cualidades tendría que tener su reemplazo?

  - ¿Qué ofrece su nuevo empleador que nosotros no tengamos?

Actualizando su Sistema de Compensación

En estos días muchos negocios están viendo cambios en sus sistemas de compensación. Eche una mirada a los siguientes asuntos:

- **Cambios en la política de propinas.** La razón por la cual algunos restaurantes están cambiando en como ven la compensación es porque la genérica reconoce la importancia del trabajo en equipo. Si usted le pregunta a todo su personal de servicio en equipo, entonces ¿Por que debería solo un mesero cosechar el beneficio? Este resultado mina el concepto de trabajo en equipo. Mejor que el mesero retenga todas sus propinas de la noche, el personal se beneficiará más dividiendo y dispersando las propinas por turno.

- **Explique los cambios a su personal.** Comience explicando la nueva idea de compensación y siga cual sea el caso si usted toma todas las propinas y las reparte. Deje a sus meseros descubrir como sería el resultado por un periodo de tiempo. Esto debería mostrar a los meseros que ellos pueden hacer el mismo, si no más dinero, de esta manera.

- **Muéstreles la diferencia.** Hágalos trabajar una semana sin ayudarse los unos a los otros, seguidos por una semana ayudándose mientras todo el mundo obtiene algo de las propinas y los resultados serán registrados. Es muy probable que los resultados convenzan a sus empleados de los beneficios de un nuevo sistema de compensación y ¡pedirán por el!

- **Otras formas de actualizar su sistema de compensación.** Mantenga información actualizada sobre salarios y asegúrese de ser competitivo. Un buen recurso con información sobre salarios de restaurante es el sitio Web del U.S. Department of Labor's Bureau of Statistics en:

http://www.bls.gov/oes/2000/oes_35fo.htm. también
verifique a su competencia directa para ver como están
compensando a sus empleados. ¿Ofrecen tiempo por
enfermedad o beneficios de salud? Para retener a los
mejores meseros, realmente necesita considerar ser compet-
itivos en el salario y en el área de beneficios.

Beneficios

La industria de restaurantes tiene una pobre reputación por
recompensar a sus empleados a través de altos salarios y
beneficios. Esta reputación está cambiando, sin embargo.
Muchos restaurantes están empezando a ofrecer a sus
empleados los siguientes incentivos de trabajo

- **Beneficios requeridos.** Los empleadores son requeridos
  legalmente para proveer a sus empleados con beneficios de
  Seguridad Social, seguro de desempleo y seguro de compensación de trabajador. Para encontrar más acerca de estos
  beneficios, visite el U.S. Department of Labor en:
  www.dol.gov. Usted debería anunciar estos como beneficios
  a sus empleados. Cuando esté contratado, provea al
  empleado con una lista de beneficios incluyendo Seguridad
  Social, seguro de desempleo y seguro de compensación de
  trabajador.

- **Beneficios discrecionales.** Estos beneficios incluyen
  beneficios de salud y dentales, tiempo de licencia, licencia
  por enfermedad, vacaciones pagas, seguro de vida, seguro
  por incapacidad y planes de retiro. Mientras estos beneficios
  pueden ser caros, también pueden ayudarlo a atraer y
  retener a los mejores empleados. Mire en la declaración de
  ganancias y pérdidas y vea si puede hacer algunos de estos
  beneficios en sus gastos.

- **Información del plan de salud.** Información del plan de salud. Para más información en beneficios de salud y dentales, contacte un administrador de planes. Algunos de las compañías de seguros de salud más grandes incluyen a Anthem: www.anthem.com, Aetna: www.aetna.com y Cigna: www.cigna.com

- **Seguro de agotamiento.** Ofreciendo vacaciones y licencia por enfermedad es una buena manera de mantener alejado al personal del agotamiento. Desarrolle una forma de seguirle la pista a este tiempo y una política para requerir estas licencias.

- **Planes de retiro creativos.** Muchos restaurantes pequeños no pueden cubrir planes de retiro, pero quizás usted puede ayudar a los empleados con el retiro en otras maneras. Considere pagar a los empleados la asistencia a seminarios de planes de retiro. Usted puede también encontrar una empresa de planes financieros para trabajar para establecer IRAs para sus empleados y dejarlos contribuir a sus IRAs a través de una deducción del salario.

Incentivos

Los incentivos son otra forma importante de mostrarle a sus empleados de que están haciendo un buen trabajo. Los incentivos también ayudan a retener y motivar a su personal. Recompense el desempeño excepcional. Usted podría querer considerar alguno de los siguientes incentivos populares:

- **Bonos.** Considere bonos de premio para el desempeño ejemplar de un individuo o de un equipo entero. Esos no tienen que ser siempre grandes. Un bono de $25 hace bastante en decirle al empleado "gracias por el trabajo duro"

- **Aumento de salario.** Los incrementos del salario son una manera interesante para recompensar al desempeño excepcional. Asegúrese de realizar evaluaciones anuales de desempeño y unir esas evaluaciones con los incrementos de salario. También observe que esos incentivos de ventas no quiten su atención de otros detalles que no sean las metas de equipo.

- **Ascensos.** Tenga una política ascender a los internos y úsela. Esta política debería incluir promover desde una posición a otra, como un busser a mesero. También debería incluir formas más sutiles de agregar paga y responsabilidades de trabajo. Cree rotaciones de líderes de equipo dentro de su personal. Por ejemplo, use a sus mejores 5 meseros para entrenar a las nuevas incorporaciones. Cuando estén entrenado, hágales un incremento en el salario. Esto es particularmente importante por que ¡entrenar a alguien nuevo significa que no hará propinas en ese turno.

Despidos

El despido es un hecho de la vida, de todas las industrias. Dado el número de personas que usted emplea, durante el curso de una carrera de restaurante, está casi garantizado que algún día tendrá que despedir a alguien. Aquí hay algunos asuntos a tener en mente cuando la ocasión aparece:

- **Tenga una declaración de empleo a voluntad en su manual.** Incluya una declaración de empleo a voluntad en su manual de empleado que el empleado firme. Esta declaración básicamente dice que empleador o empleado pueden terminar el empleo, en cualquier momento. No diga que solo puede despedir a un empleado por justa causa; esto puede ser interpretado como una garantía de empleo en la corte y esto funcionará en contra suyo en situaciones legales.

- **Use políticas de restaurante** Cree y use descripciones del trabajo. Si usted usa descripciones de trabajo usted puede demostrar que el empleado sabe que era esperado de el a fin de continuar con su empleo. También asegúrese de realizar evaluaciones de personal en forma regular.

- **Tenga un proceso disciplinario establecido.** Asegúrese de que sus empleados lo conocen. Usted debería proveer esta información a los nuevos empleados, durante su orientación. Que tipo de política tenga depende de usted, pero en general, las compañías usan una política disciplinaria progresiva. Básicamente este método usa medidas correctivas progresivas; los gerentes que la usan esperan que el empleado corrija su conducta inapropiada. Este procedimiento incluye cuatro pasos: advertencia y consejo oral, advertencia escrita, suspensión y finalmente, despido.

- **Guarde una prueba en papel.** En estos días y época de litigios, usted debe tener registros si tiene necesidad de despedir a alguien. Use sus procedimientos disciplinarios como guía para sus acciones, entonces asegúrese que de incluir cualquier papeleo en el archivo de personal del empleado.

- **Despida como último recurso.** Usted debe despedir a un empleado solo después de que usted haya intentado todo. Hable con el empleado primero y explíquele el problema, sugiriendo formas de mejorar. Si las cosas no mejoran en nada, ponga el asunto por escrito al empleado y ubique el aviso en su archivo personal. Entonces, discipline su siguiente ocurrencia de conducta inapropiada. Finalmente, si nada funciona, despida al empleado.

- **Sea profesional.** Despedir a alguien puede ser enervante para la persona que hace el despido y emocionalmente traumático para la persona que es despedida. Hágalo en la privacidad de su oficina así no avergonzará a la persona sin necesidad. Además, no lo haga personal; no discuta acerca de viejas disputas y hable acerca de rasgos de personalidad. Deje a la persona saber por que lo está.

CAPITULO 5

ENTRENANDO A SU PERSONAL DE SERVICIO

Cuando Entrenar

El entrenamiento es probablemente el paso más importante en el desarrollo de su personal. Mientras un programa de entrenamiento es consumidor de tiempo, puede llevar a mejorar los pedidos y número de clientes. Mientras más grande es la satisfacción de los clientes, más grandes son las ganancias. El entrenamiento, sin embargo toma tiempo, planificación y dedicación. Entonces, ¿cuándo son los mejores momentos para entrenar?

- **Nuevos Empleados.** Todo nuevo contratado siempre requerirá entrenamiento. Aún si la persona ha trabajado como un mesero por 20 años, esa persona no ha trabajado para usted como mesero. Asegúrese de entrenar a los recién contratados para dar calidad al servicio que usted espera en su establecimiento.

- **Encuestas de satisfacción del cliente** Comentarios en encuestas del cliente pueden indicar que es tiempo para reentrenamiento. Si usted consistentemente ve tarjetas de comentarios que dicen "Nuestro mesero no sabía nada de la lista de vinos", Es tiempo de una sesión de entrenamiento en vinos.

- **Reemplazos.** ¿Ha usted sufrido de una alta tasa de reemplazos recientemente? Puede ser bueno poner a todo el personal junto para entrenamiento, solo asegúrese que todos estén "en la misma página".

- **Entrenamiento Regular.** Usted también debería mantener sesiones regulares de reentrenamiento para todo el personal. Una vez por semana es exagerado, pero bimestralmente o quincenalmente es una idea excelente. Elija tópicos específicos para cada sesión, mejor que tratar de cubrir todo.

- **Previo al cambio de turno.** Muchos comedores finos, tales como los restaurantes Charlie Trotter, tienen una breve reunión de entrenamiento previa al turno. Esta sesión no tomaría más de 15 minutos. Debería contener información sobre los especiales y cualquier problema actual o nuevos asuntos.

¿Qué es Lo Que Hace A Un Entrenador Exitoso?

Es más que probable que usted o uno de sus gerentes harán la mayoría del entrenamiento en su establecimiento. Aquí hay algunas características de instructor para tener en mente cuando se prepara para la sesión de entrenamiento:

- **Es respetado.** Es mucho más fácil de conseguir que lo sigan si ellos respetan al líder. El personal no respetará lo que usted les dice a menos que ellos sepan que hace lo mismo. Si usted está entrenando a los meseros, por ejemplo, asegúrese que sus meseros lo ven en el salón tomando pedidos y preparando mesas – de forma correcta. Ellos se verán más inclinados a seguir su ejemplo y respetar la información que les pasa a ellos.

- **Use errores pasados para ilustrar.** ¡Dele a su personal de servicio ejemplos verdaderos y déjelos aprender de otros! Si usted usa ejemplos de su propio establecimiento, sea cuidadoso de no avergonzar a nadie.

- **Ilustre con ejemplos de la vida real.** Si sus meseros tienen una mirada vidriosa en sus ojos cada vez que usted habla de seguridad en la comida, traiga algunos ejemplos. Usted puede entrar a Internet y encontrar incidentes de enfermedades producidas por la comida. Lleve esos para compartir con los meseros. Mejor aún, haga que los meseros realicen la investigación y dígales que traigan ejemplos para la próxima reunión. Mostrándole a ellos que esto sucede realmente, usted hace su el conocimiento más significativo.

- **Otorgue descansos.** No trate de seguir la reunión pasados los 50 a 60 minutos, sin un descanso. Las mentes de las personas empiezan a dar vueltas; sus cuerpos necesitan un descanso también. Usted puede querer tener refrescos o algo para los períodos de descanso.

- **Divida la información en porciones manejables.** No trate de dar el manual entero de entrenamiento a su personal, en una sesión, ya que solo retendrán solo una porción de lo que usted quiere que ellos sepan. Si tiene mucho material que cubrir, hágalo en varias reuniones. También asegúrese de organizar el material para cada reunión.

- **Demuestre y repita el material.** Demostrando y repitiendo la información del material ayudara a su personal a retenerla.

- **Personalidades de aprendizaje.** Cuando entrena, mantenga en mente que hay diferentes estilos de aprendizaje. Algunas personas aprenden mejor a través de la aplicación práctica; otros son aprendices visuales, y algunas personas aprenden escuchando. Apunte por un balance de los métodos, durante una misma sesión de entrenamiento. Usted puede hablar en parte de la sesión y después mostrar un video. Usted puede incluso hacer un ejercicio o juego de desempeño de un rol.

- **Recursos de Entrenamiento.** La American Management Association ofrece el curso "Entrenando al entrenador". Usted puede encontrar información acerca del seminario en: http://www.amanet.org/seminars/cmd2/8507.htm.

Nuevos Empleados

Antes de que pueda implementar un proceso de entrenamiento en su establecimiento, usted necesita determinar sus metas y el comportamiento y actitud que desea y espera de su nuevo personal. Tenga en mente que toma aproximadamente 21 días cambiar un hábito. Aquí hay algunos consejos prácticos para entrenar a los nuevos empleados:

- **Empiece el entrenamiento en el primer día** Esto le ayudara a calmar el nerviosismo del primer día. Una de las primeras cosas que tiene que hacer es darle un tour y presentarlo a todo el mundo.

- **Espíritu de equipo desde el principio.** Si muchos empleados empiezan el mismo día, aunque sea para diferentes trabajos, déjelos empezar la orientación juntos. Construya camaradería y déjelos aprender acerca de cómo sus trabajos se relacionan con los demás trabajos.

- **Comunicándose con los nuevos contratados.** Asegúrese de que los nuevos empleados conocen su derecho de hacer preguntas. Dé razones para los procedimientos en términos comprensibles; habrá mucho tiempo para enseñarles las frases específicas de los restaurantes, después de que hayan sido orientados.

- **Construya confianza.** Enseñe algunas cosas que puedan hacer el primer día para construir confianza, tales como ayudar colocar agua o llenar las canastas de pan. Cuando necesite corregir un comportamiento, muéstrele una mejor forma en vez de criticar sus acciones. Si su nuevo empleado tiene una bandeja de copas de agua y esta llenando cada una con la cuchara de hielo, mejor que gritarle "¡Esa es la forma más lenta!" sugiérale usar un jarro de plástico para obtener el hielo de la maquina y llenar las copas desde ahí.

- **Haga que sus empleados se involucren en el entrenamiento.** Dé un bono/premio al entrenador si el nuevo empleado está al menos 30 o 60 días. Esto hará a los meseros estar más dispuestos a ayudar a entrenar y los influenciará a enseñar la conducta apropiada en vez de hábitos descuidados. Los nuevos empleados deberían también pasar más tiempo en la cocina, para entender el flujo, como la comida es preparada, como la comida debería probarse y tener un sentimiento por la puntualidad.

- **De a los nuevos empleados una perspectiva general de su restaurante.** Considere ehacerlo empezar como lavacopas o bussers y dejarlos trabajar en cada función, incluyendo FOH y la cocina. De esta manera permitirá al nuevo empleado ver como todos los trabajos interactúan y como cada persona afecta a la otra. Mientras tanto, haga entrenamiento cruzado para todos los demás. El entrenamiento cruzado también significa que, en un momento, cualquiera puede ubicarse por otro. También le permite promover los empleados experimentados. Esto puede ahorrarle una gran cantidad en costos de entrenamiento y contratación. Por último, sus clientes se beneficiarán de ella por que recibirán un servicio mejorado y fluido.

Métodos de Entrenamiento

Usted puede mantener las sesiones de entrenamiento periódicamente durante todo el año para refrescar la memoria de los meseros. Esto es especialmente importante si usted tiene un nuevo menú o si hay cambios más grandes que se estén realizando en el restaurante. Mantenga sus sesiones de entrenamiento cortas; que no sean mayores a 90 minutos y solo intente cubrir 3 o 4 tópicos. Minimice las distracciones. No intente, por ejemplo, mantener una sesión durante un turno regular. Apele a todos los sentidos; use gráficos con marcadores de colores, videos, cuadernos y obsequios como recompensa. Incluya interpretación de roles para reforzar la retención de las lecciones aprendidas. Elija el método de entrenamiento que más apropiado para el tópico. También, no use solo un método a través de toda la sesión de entrenamiento. Intente una combinación de los siguientes métodos:

- **Interpretación de roles.** Esta es una buena manera de dejar a los meseros practicar sus habilidades. Tenga escenarios por adelantado y escritos en tarjetas. También prepare el diálogo de algún posible cliente, por adelantado; esto mantendrá la sesión de entrenamiento entretenida. Durante la sesión, anote algunos comportamientos funcionales específicos, tales como "aprendiendo y recordando el nombre de un cliente", "ofreciendo una opción", "aumentar las ventas", "explicando que no hay más langosta ", etc. Entonces, llame a los participantes para actuar los roles de mesero y cliente, asegurándose que todos tienen su turno. Critique cada actuación preguntando a los demás por comentarios, "¿Qué estuvo bien, que pudo haber estado mejor?" agregue sus propios comentarios solo si los puntos específicos no han sido presentados. Escriba en el cuadro cualquier oportunidad perdida. Cerca del final del tiempo de la sesión, revea los puntos cubiertos y pregunte, "¿Qué haría usted diferente ahora, como resultado de los ejercicios de hoy?" usted no tiene que relegar la interpretación de roles a las reuniones quincenales o anuales, programe tantas oportunidades de mini-interpretaciones de roles como tantas reuniones previas al turno u otras.

- **Seguimiento.** Hay dos formas de seguimiento: el nuevo empleado sigue a un trabajador experimentado o el trabajador experimentado sigue al nuevo empleado. En general es bueno tener un nuevo empleado simplemente siguiendo a alguien en el turno por los primeros dos días. Una vez que parece que el nuevo empleado se puso al día, los roles se pueden revertir. los nuevos meseros son seguidos por alguien experimentado, por el tiempo que demande – pueden ser dos meses hasta un año.

- **Entrenamiento Cruzado.** El entrenamiento cruzado es una gran técnica de entrenamiento para usar con su personal existente. Este tipo de entrenamiento le permitirá a la gente experimentar los problemas de los empleados, en otras posiciones. Como resultado, su establecimiento se volverá más eficiente y sus clientes recibirán un mejor servicio.Determine un horario para entrenamiento cruzado. deje que sus meseros pasen un par de turnos con los cocineros y un par con los bussers y los anfitriones. Este tipo de entrenamiento es extremadamente efectivo en costos.

- **Clases.** Algunos tipos de entrenamiento pueden requerir tiempo de aula. Es una buena idea de entrenar a su personal sobre seguridad en la comida y primeros auxilios con un experto; usted puede encontrar clases en muchas universidades del área y escuelas vocacionales. Hay también muchas compañías que se especializan en seminarios diarios con temas como servicio al cliente, o tratar con gente difícil. Los sitios Web que contienen información en este tema son: members.tripod.com/abil-ityaudiobooks/page3.html
  También intente el sitio del Seminar Information Service, Inc. en: www.seminarinformation.com/ index.cfm?refer=GGL. Mientras este entrenamiento no es especializado para la industria de restaurantes, puede dar a su personal información básica, muy útil.
  http://www.bls.gov/oes/2000/oes_35fo.htm.

- **Videos.** Hay muchos temas de entrenamiento que pueden ser encontrados en un video. Vea www.atlantic-pub.com para un recurso completo en cintas de entrenamiento. Estos temas van desde acoso sexual hasta seguridad en la comida, hasta cocina. Los Videos son una buena manera de mejorar su sesión regular de entrenamiento. Mejor que hablar todo el tiempo, use algo del tiempo de la reunión para un video, entonces el personal tendrá algo de variedad en la sesión de entrenamiento.

- **Material de entrenamiento para la industria de la hospitalidad.** Todo tipo de material de entrenamiento para la industria de la hospitalidad puede ser encontrado en Atlantic Publishing Company 1-800-541-1336: www.atlantic-pub.com.

- **Entrenamiento en computadora (CD u online).** La industria de restaurantes, como muchas otras industrias pueden ofrecer cursos y temas de entrenamiento a sus empleados, ya sea online o en CD. Los beneficios de este tipo de entrenamiento incluyen ser capaces de trabajar a su propio ritmo Aquí hay algunos recursos para este tipo de entrenamiento:
  - El sitio Web de Campus 2 Go's ofrece el curso de trabajo en seguridad de comida y gerencia de restaurantes: www.Campus2Go.com

  - La American Hotel and Motel Association's Educational Institute ofrece cursos de aprendizaje a distancia en seguridad de los alimentos, servicio y gerencia de comida y bebida: www.ei-ahla.org

  - Este sitio ofrece cursos en seguridad de los alimentos, servicio y gerencia de comida y bebida entre muchos otros: www.restaurantworkshop.com

  - Ofrece el ServSafe® Manager Certification Training: www.atlantic-pub.com

- **Juegos.** Una forma divertida de entrenar a sus meseros es usar juegos. Para entrenamiento en el menú puede jugar una versión de charadas. Escriba diferentes ítems del menú en pedazos de papel y divida el personal de servicio en dos equipos. Una persona en cada equipo elige un artículo del menú; el resto del equipo tiene que adivinar. Deje a sus meseros hacer lo hablado si el ítem del menú es cocktail de camarones, por ejemplo podría decir, "se sirve con una salsa basada en tomate". Use un reloj para el juego y de un premio al equipo que lo adivine en la menor cantidad de tiempo.

- **Entrenadores profesionales.** Usted puede contratar entrenadores profesionales para venir a trabajar con su personal. The Restaurant Doctor provee seminarios de entrenamientos de personal de medio día. Para encontrar más, entre a: www.restaurantdoctor.com. The Council of Hotel and Restaurant Trainers (CHART) es también una buena fuente. CHART es una asociación profesional de entrenamiento en hospitalidad. La organización ayuda a mejorar al servicio de profesionales del entrenamiento de servicios de comida y al negocio desarrollando su personal. Para más información, visite su página en el sitio Web en: www.chart.org. The society for Food Service Management es otro recurso online para el desarrollo en: www.sfm-online.org.

Manual de Entrenamiento

Provéa a todos sus empleados con un manual escrito. Incluya información general de restaurante así como especificaciones acerca del trabajo. Se debe dar a los nuevos empleados un manual en sus primeros días de empleo y debería firmar una declaración confirmando que ha leído y entendido los contenidos. Tenga esta declaración en el archivo personal del empleado. También tenga una copia de los manuales de entre-namiento, a mano, para que la usen los empleados durante las horas de trabajo. El manual del mesero debería cubrir los siguientes tópicos:

- Políticas del restaurante
- Plan de seguridad
- Descripción del trabajo
- Programando Procedimientos
- Requerimientos de vestidos de código/uniforme
- Información de beneficios y pago al empleado
- Política de comida del empleado
- Procedimientos de reporte de propinas
- Procedimientos de registros de entrada y salida
- Contabilidad de las cuentas del cliente
- Procedimientos de preparación
- Menú y descripción de cada ítem del menú y ....
  bebidas especiales y lista de vinos
- Preguntas y respuestas frecuentemente hechas por ....
  el cliente
- Información sobre como adaptar dietas especiales
- Como acercarse al cliente
- Como tomar un pedido
- Abreviaciones estándares en las cuentas del cliente
- Números de mesa y puestos
- Como escribir una orden del cliente
- Como aumentar la venta y hacer sugerencias
- Como mantener el orden en la cocina
- Como mantener el orden en la barra
- Estándares de servicio
- Procedimientos para comprobar con los clientes
- Procedimientos correctos del busser
- Procedimientos de cierre y comprobación
- Preparación del puesto para el próximo turno
- Cambiar clientes a otro mesero
- Como reabastecer para el próximo turno
- Responsabilidades de limpieza

Reuniones de Personal Efectivas

La mayoría de las reuniones de personal están lejos de vigorizar. De hecho, ellas normalmente producen una perdida de energía y el personal siente que ellos están en el lado malo de dirección. Entonces ¿Cómo va a impartir usted la nueva información y espíritu de equipo a su personal y cómo va a conseguir usted que estén entusiasmados en deleitar a sus clientes? Usted necesita una reunión de personal verdaderamente eficaz. Considere los siguientes asuntos importantes:

- **Diálogo en dos direcciones.** Una reunión eficaz de personal no es sólo una recolección de cuerpos con una persona dando información; es principalmente una reunión que genera sentimientos positivos a través del grupo entero. Una reunión efectiva de personal tiene tres objetivos principales:

  - •Generar sentimientos positivos en el grupo.
  - •Empezar el dialogo;
  - •Entrenamiento.

- **Sentimiento positivo del grupo.** Esto ayudará a su personal a descubrir lo que tiene en común y pensar en términos de trabajar juntos, lo opuesto a funcionar individualmente. Comparta las buenas noticias para construir el buen sentimiento. Las reuniones del personal no son un buen momento para informar las limitaciones individuales o del grupo. Encuentre lo positivo - aún cuando usted necesite buscarlo - y hable sobre el. Esta es una de las mejores maneras de construir un sentimiento favorable y conseguir que las personas hablen.

- **Diálogo.** Un buen diálogo es un confortable intercambio de ideas que consigue que las personas se conecten y dejar el sentimiento al personal de estar en una parte del restaurante verdaderamente creativa. Usted aprende del

personal - y ellos aprenden de usted. Permitir este flujo de
ideas reduce o elimina la mentalidad del "nosotros vs. ellos".
Si todos se sienten parte del mismo equipo, el servicio
mejora y la productividad y las ganancias suben.

• **Entrenamiento.** Las reuniones de personal. son un buen
lugar para transmitir ideas para mejorar el desempeño y
permitir a los meseros aprender de los demás.

• **Camaraderia.** El volverse bueno en realizar reuniones de
personal se traducirá en un sentimiento de camaradería
entre su personal. Ellos le darán conocimiento de como su
negocio está funcionando; ellos se preocuparan sobre como
mejorarlo, porque ellos saben que su sugerencia cuenta.
Usted será más eficaz, porque su personal le quitará peso
de sus hombros, ayudando a su restaurante a funcionar
mejor y haciendo su trabajo mucho más agradable.

Reuniones Previas Al Cambio De Turno

Idealmente, usted debe realizar una reunión de personal antes
de cada cambio de turno, todos los días. Si usted frecuentemente cancela las reuniones del personal, envía un mensaje de
que ellos no son importantes y que las opiniones del personal
son igualmente insignificantes. Use la reunión como una
oportunidad para establecer las responsabilidades del día para
cada miembro y animar la participación de todos. Haga asistir a
las reuniones a los ejecutivos, para agregar impacto. Una
reunión eficaz previa al cambio debe durar no más que 15
minutos. Si es más larga, usted puede perder la atención de las
personas - más corta, usted no comunicará suficiente
información. Empiece y termine a tiempo. Incluya al personal de
la cocina, también. Éste puede ser un buen momento para
permitir a los meseros a degustar los especiales de día y hacer
que el personal de la cocina le cuente al personal de servicio
sobre ellos. También tome un momento para repasar algo

pertinente de la reunión anterior. Usted puede desear leer las cartas de clientes, elogios a empleados y evaluaciones al desempeño del equipo. Finalmente, tenga presente que el personal de servicio está siendo pagado por este tiempo, pero no obtiene propina, entonces esté seguro de no desperdiciar su tiempo. El siguiente es un ejemplo de un posible formato para una reunión de previa al cambio de 10-15 minutos:

- **Preparación.** Antes de que usted empiece, recuerde que lo que más determina como su reunión irá es su propio estado de mental. ¿Usted está mirando a su personal como un grupo de personas dedicadas comprometido a hacer un gran trabajo, o un manojo de vagos? ¿Usted está buscando facilitar y animar los mejores desempeños de las personas, o usted está mirando identificar y castigar los errores de las personas? Esté seguro que cualquiera sea, su personal lo siente. Su actitud afectará su desempeño directamente. Comprométase a construir en las fuerzas de las personas y mantener energizantes reuniones del personal.

- **Buenas noticias (1-2 minutos).** Reconozca que funciona y cree un buen humor. Encuentre algo sobre el negocio que muestre que su personal está haciendo a un buen trabajo bueno y haciendo felices a los invitados.

- **Noticias diarias (2-3 minutos).** Delinee especiales del día y próximos eventos.

- **Pregunte a su personal (5 minutos).** Esta es la parte más importante de la reunión. Proporciona una gran oportunidad de averiguar lo que realmente está sucediendo en su restaurante. Escuche. No interrumpa con sus propios pensamientos y no juzgue los comentarios de las personas. Permítales compartir las opiniones. Cree un espacio seguro para el diálogo abierto y para aprender del otro. Que tan bien usted escuche afecta directamente a cuanto ellos estén deseosos de hablar. Si ellos son tímidos, hágale preguntas:

¿Qué está funcionando para ustedes muchachos? ¿Qué está haciendo las cosas difíciles?¿Qué preguntas de los clientes han sido incapaces de contestar? ¡Una vez que usted consiga que la pelota ruede puede encontrarla difícil de detener! Bien. Eso significa que las personas tienen cosas para decir y usted se beneficiará. Preguntar al resto del personal si ellos se sienten de la misma manera que el portavoz es una buena manera de ver si hay un sentimiento de grupo y para calibrar el tamaño del problema presentado.

- **Entrenando: las últimas noticias (3–5 minutos).** Si su personal comienza a realizar comentarios permítales cortar en este momento. Es importante que su personal aprenda de usted, pero es más importante para usted aprender de ellos. Además ellos estarán abiertos a aprender de usted, si ellos saben que usted está escuchándolos. Use este tiempo para hablar sobre un solo punto en que usted quiera que se enfoque su personal durante este turno, dar conocimiento específico sobre un producto o entrenar de otra manera objetiva. El enfoque es importante. Si usted les dice a las personas cuánto tiempo durará la reunión y lo cumple, ellos le prestarán su atención. Si usted se pasa, usted perderá su atención y su confianza.

Documentando Las Políticas De Personal y de la Compañía

La ley Federal ordena que todos los empleadores, sin tener en cuenta el tamaño, deben tener pautas de políticas escritas. Se usan los manuales de guías de políticas del empleado para familiarizar a los nuevos empleados con las políticas y procedimientos de la compañía. Ellos también sirven como guías para la dirección de personal. Escribir formalmente sus políticas podrían mantenerlo fuera de la corte; prevenga problemas y malentendidos; ahorre tiempo gastado en contestar preguntas comunes; y muéstrese más profesional a sus empleados. Se ha demostrado que explicando y documentando las políticas de la compañía a sus empleados se aumenta la productividad, conformidad y retención. Aquí hay algunas pautas:

- **Guía estándar del manual del empleado.** Si usted alguna vez antes ha escrito un documento de políticas, usted sabe cuán consumidor de tiempo puede ser. Aún cuando usted fuera un abogado, podría tomarle facilmente 40 horas para investigar y escribir un detallado manual del empleado. Pagar a alguien para preparar uno para usted puede costar miles de dólares. Atlantic Publishing ha reunido un guía estándar de manual del empleado para la industria del servicio de la comida. Todo lo que usted tiene que hacer es editar la información. La plantilla contiene todas las secciones más importantes del manual de compañía y está escrito en Microsoft Word para que personalizar e imprimir su manual sea tan fácil como sea posible. El programa se vende actualmente en alrededor de $70 y está disponible en: http://www.atlantic-pub.com y 1-800-541-1336 (ítem EHB-CS).

- **Disputas legales.** La falta de comunicación, junto con políticas y pautas inadecuadas, han sido citados como los más grandes factores de las disputas legales en el lugar de trabajo. El fracaso en informar o notificar a los empleados de políticas estándares ha producido la pérdida de millones de dólares en juicios legales. Simplemente no siendo conscientes que sus acciones violaron la política de la compañía ha sido una defensa eficaz para muchos empleados despedidos. Lo más importante es tener la firma del empleado en un documento que declare que el o ella lo ha recibido, repasado, entendido y que piensa obedecer todas las políticas del manual.

CAPITULO 6

TÓPICOS
DE ENTRENAMIENTO

Bandejas

El llevado de bandejas es una gran parte grande del trabajo de sus meseros y allí hay maneras correctas y equivocadas de hacerlo. ¡Si usted ha estado alguna vez en la situación de que una bandeja de comida que se le desliza al suelo, usted lo sabe! Esté seguro que los mesetos recuerden servir las entradas y bebidas por la derecha y servir los platos por la izquierda:

- **Bandejas de comidas.** Si su mesero está llevando una bandeja grande, ellos deberían montarla en unn caballete para servir. Es bastante fácil servir de una bandeja pequeña, pero servir se vuelve un riesgo si el personal que sirve intenta sostener una bandeja pesada y servir de ella. Otra opción, si otro mesero no está ocupado, es que el segundo mesero ayude al primero y mantenga la bandeja mientras el mesero original sirve de ella.

- **Cargando las bandejas.** Cargue las bandejas de comida con la entrada más pesada más cerca a su cuerpo para que usted pueda usar su cuerpo para equilibrarse. También asegúrese que sus meseros están equilibrando las entradas en la bandeja. Nunca deben apilarse los platos que están saliendo al comedor para el servicio, si el mesero necesita dos bandejas hágales usar dos bandejas.

- **Bandejas de cócteles.** Las bandejas de cócteles deberían cargarse con la bebida más pesada en el centro para equilibrar la bandeja. Las asas deben mirar para afuera para que el mesero pueda asir la taza o vaso fácilmente.

- **Servicio del brazo.** Muchos meseros llevan comidas o bebidas sin bandejas. Esto solo debería hacerse para fiestas pequeñas para que toda la comida pueda salir en seguida. Si la fiesta es lo suficientemente grande para requerir dos viajes usando el servicio del brazo, el mesero debería usar una bandeja. Los meseros deben poder llevar cuatro platos (tres en la mano y brazo derecho y uno en la izquierda), o tres vasos o dos copas y platillos.

- **Retirando.** Cuando usa bandejas para retirar, asegúrese que sus meseros apilan los platos en pilas aseadas. Ellos deberían hacer esto tan calladamente como sea posible en el comedor. Además, no permita que su personal de servicio raspe los platos mientras está todavía en el comedor. Esto es poco apetecible y puede hacerse fácilmente en la parte de atrás

Tomando Pedidos

Antes de que se permita servir una mesa a un nuevo empleado, asegúrese de que sabe tomar un pedido. Esta información puede enseñarse facilmente con ejercicios de interpretar roles o haciendo sombra. Antes de que los meseros sean dejados libres en el salón, usted puede querer considerar hacerlos atenderlo a usted como un "último examen." ¡De esta manera usted estará seguro de que ellos están tomando los pedidos apropiadamente! Aquí hay algunas pautas útiles:

- **Acercándose a la mesa.** El mesero debería acercarse a una mesa dentro del primer minuto desde que las personas se sientan. Esta es la primera impresión que sus meseros dejarán en sus invitados. Asegúrese que ellos parezcan profesionales y aseados. Las camisas deberían ir adentro del pantalón y planchadas y los delantales deben estar limpios. El mesero debe sonreír, debe mirar a los ojos, y debe saludar a los clientes dándoles su nombre. El mesero, el asitente o el organizador también deben traer agua a la mesa durante o antes de este intercambio.

* **Tomando pedidos de bebidas.** Cuando el mesero se acerca a la mesa por primera vez , debería preguntar si a alguien le gustaría una bebida. El mesero puede querer hacer una sugerencia o simplemente proporcionarles alguna información a los clientes sobre que tipos de bebidas suaves o cervezas se sirven en el restaurante. asegúrese que sus meseros conocen el vocabulario usado para bebidas. ¡El cliente que pida un martini vodka con un twist se ofenderá si recibe un martini gin con hielos! Este también es un buen momento para contarle a la mesa sobre los especiales.

* **Sirviendo las bebidas.** Las bebidas deben servirse rápidamente. Asegúrese que sus meseros han puesto servilletas de cóctel bajo los vasos de las bebidas. En este momento, el mesero puede preguntar si están listos para pedir. Si la mesa no se ha decidido, el mesero debe volver a preguntar dentro de una cantidad razonable de tiempo. Diga a sus meseros que busquen pistas de si la mesa está lista. La pista más obvia es que todos han cerrado los menús.

* **Tomando pedidos de comida.** La etiqueta dicta que usted empieze con las mujeres, en la mesa. Si hay niños también es apropiado empezar por ellos. De nuevo, note las pistas de la mesa. Si una mujer es evidentemente indecisa usted puede ponerla incomoda, insistiendo que ella haga su pedido primero. Permita los otros pedir, entonces regrese a ella. Asegúrese que sus meseros tienen un conocimiento completo del menú y pueden contestar cualquier pregunta sobre la preparación de un artículo. Ellos también pueden

hacer las recomendaciones en este momento, si el cliente pregunta o parece inseguro.

- **Sirviendo la comida.** Asegúrese que sus meseros saben que la comida se sirve del lado derecho del invitado y platos se retiran por el derecho. También, asegúrese que cuando sus meseros sostienen los platos, que ellos estén tocándolos sólo en el borde. ¡Realmente es repugnante para el cliente ver el dedo pulgar de su mesero en su puré de papas! Adicionalmente, los meseros deberían traer la comida a todos al mismo tiempo. Asegúrese de que ellos adviertan a los invitados cuando los platos estén calientes.

- **Verifique lo servido** Asegúrese que los meseros verifiquen con los invitados dentro de los primeros dos a tres minutos de servirlos. Si hay un problema el mesero podrá ocuparse de el inmediatamente. No deje al cliente sufriendo y con un enfado cada vez mayor sobre un error.

- **Postre.** Cuando el mesero está levantando el plato principal y no más tarde, el debería preguntar si la mesa quiere los postres, cafés o bebidas posteriores a la cena. Usted puede querer proporcionar a los meseros con menús de postre o una bandeja de postres para mostrar a los clientes. Ellos también podrían hacer sugerencias para compartir los postres, si todos están sintiéndose bastante llenos. A menudo una mesa se dividirá un postre y ¡una venta es mejor que ninguna!

- **La cuenta.** Cuando parece obvio que la mesa está preparándose o cuando el cliente pide la cuenta, el mesero debe traerla rápidamente. También es una buena idea para el mesero explicar los procedimientos de pago del restaurante. el podría decir, "Cuando usted esté listo, yo regresaré para ocuparme de ello por usted".

- **Adios.** Es un toque agradable para el mesero decir adiós mientras el grupo se retira. Deja al cliente una sentimiento amigable. Después de todo, ¡ellos pasaron una hora o más en compañía de su mesero!

- **Sirviendo mesas múltiples.** Una vez sus meseros dominan el como atender a una mesa, ellos necesitan aprender a atender mesas múltiples. Digamos que un mesero es responsable de tres mesas. Las primeras dos mesas se sientan al mismo tiempo. El mesero trae el agua a dos de estas mesas. Entonces el mesero debe tomar el pedido de las bebidas de cada mesa. Cuando el mesero vuelve con las bebidas, el anfitrión ha sentado la tercera mesa. El mesero debe quedarse con las primeras dos mesas y ver si ellos están listos para pedir. Si ellos lo están, el mesero debería tomar el pedido entonces, girar y tomar el pedido de la bebida de la Mesa 3. Luego, el debe tomar el pedido de comida de las mesas 1 y 2 y llevarlos a la cocina. Después de que el mesero hace esto, volverán con las bebidas de la mesa 3 y verá si ellos están listos para pedir. Si usted ve que un mesero está sobrecargado, ayuda al mesero o consiga al anfitrión o un asistente para que ayude. También intente limitar el número de mesas responsabilidad de un mesero a 4 o 5. Más allá de eso se hace imposible un servicio excelente.

Sistemas Electrónicos de Pedidos

En los últimos años muchos restaurantes han cambiado a un "Sistema Electrónico de Cuenta de Cliente" o el "Mesero Inalámbrico". Estos sistemas usan una computadora móvil. La persona que atiende lleva el equipo de computación móvil y toma el pedido en el monitor de pantalla sensible. Mientras cada plato se ingresa esta información se transfiere, en tiempo real, a la cocina donde el pedido se imprime. El pedido de la bebida se toma primero y se envía a la barra. La computadora móvil es llevada por el mesero. El es avisado por un pitido o vibración cuando el pedido está listo para ser recogido, o un "corredor" entrega la comida. El "Mesero Inalámbrico" tiene muchas ventajas incluyendo:

- **Menos distancia para recorrer por los meseros.** Usando un "Mesero Inalámbrico", el personal que atiende puede tomar muchos pedidos, sin nunca caminar a la cocina o al bar para verificar pedidos anteriormente tomados o para recoger pedidos preparados.

- **Visibilidad.** El personal de atención puede siempre a los clientes en su campo de visión.

- **La cuenta es calculada automáticamente,** quitando el riesgo de error humano.

- **Facilidad al procesar tarjetas de crédito.** . La mayoría de los sistemas tiene un lector incorporado de tarjeta de crédito opcional que puede anexarse al fondo del dispositivo portátil. Las tarjetas de crédito del cliente son pasadas a través de la unidad portátil y procesadas. Bajo este sistema el cliente puede sentirse seguro que sus tarjetas de crédito están seguras, ya que ellas nunca están fuera de su vista.

- **Mejor Servicio** Porque el personal de servicio está siempre visible en el comedor, los clientes pueden llamar la atención de su persona de servicio, fácilmente. Además, los meseros pueden atender a seis o siete mesas al mismo tiempo - dos veces las mesas que antes. Si más mesas son atendidas, más mesas pueden hacerse, proporcionando la oportunidad de aumentar el volumen de las ventas. .

- **Costos laborales reducidos.** Utilizando este sistema usted puede necesitar menos personas de servicio, ya que cada una será capaz de manejar más clientes. Esto sería, por supuesto, resultante en una reducción de costos laborales.

Reduciendo los Desperdicios

Bajar costos e incrementar las ventas son grandes maneras de aumentar sus fondos, pero una de las áreas ocultas que pueden ser estar succionando ganancias bajo el desagüe son los desperdicios. Mientras su personal de cocina tiene un impacto enorme en lo desperdiciado, su personal de servicio puede ayudar a bajar los desperdicios, también. Las tres áreas principales dónde los meseros pueden tener un impacto en lo desperdiciado son roturas, el tirar paquetes de azúcar sin usar, paquetes de galletas, jaleas, etc., y tirar utensillos de plata o manteles. Aquí está como reducir los desperdicios:

- **Atrapador de Vajilla.** . Compre una trampa magnética para sus tachos de basura para atrapar la vajilla que se tira accidentalmente. Vea: www.atlantic-pub.com.

- **Canasto de Desperdicios.** Ponga un canasto de desperdicios específicamente para platos rotos. Esto le mostrará a sus meseros el volumen de desperdicio que se acumula. Usted puede incluso publicar los costos de reemplazar el material, vajilla y mantelería, así el personal de servicio puede ver que tan caro es reemplazar estos ítems.

- **Técnicas apropiadas.** Entrene a su personal de servicio en la forma adecuada para cargar una bandeja para prevenir rompimientos.

- **Incentivos.** Establezca incentivos a sus meseros para reducir lo desperdiciado. Usted podría ofrecer un bono al turno que tiene la menor pérdida al mes o dar un certificado de regalo al empleado que obtenga cada mes la mejor la medida para ahorrar costos.

Como Manejar las Quejas

No importa cuánto se esfuerce por la perfección, usted tendrá quejas del cliente durante el funcionamiento de su servicio de comida. Como usted se encargue de esas quejas determinará si usted aliena o no al cliente o los convierte en clientes asiduos. Sus meseros que siempre están en la línea de frente tienen un impacto enorme en determinar esto. Aquí hay unas reglas doradas para manejar las quejas:

- **El cliente siempre tiene la razón.** Recuerde, el cliente siempre tiene la razón. Asegúrese que esto se convierta en un mantra para sus meseros. El cliente está pagando la cuenta y nosotros como empleados y gerentes del restaurante deberíamos hacer todo en nuestro poder para ver que esa experiencia del cliente sea positiva..

- **Discúlpese.** Antes de que algo más pase usted y/o el mesero deberían ofrecer una disculpa sincera por el error y ofrecer solucionarlo.

- **Responda rápidamente.** Respondiendo rápidamente a un problema, usted previene de que se convierta en una crisis. Si un pedido equivocado sale de la cocina, soluciónelo inmediatamente; no haga que el cliente espere en la fila por su comida correcta.

- **Escuche.** Asegúrese de escuchar la queja de su cliente. Muestre al cliente de que está preocupado y es sincero al ofrecer su disculpa. Haga algo para demostrar que ese asunto del cliente es importante para usted.

- **Compensación.** THay muchas maneras de compensar a un cliente por un error. sacando algo fuera de la cuenta u ofrecer postre libre o una ronda de bebidas son los métodos más populares. Si algo se derrama sobre un invitado usted debería ofrecer pagar la factura de la tintorería. Usted también podría darle un certificado del regalo gratis al invitado para su próxima comida o podría enviar flores a su lugar de trabajo o residencia.

- **Fije pautas.** Fije pautas acerca de que puede hacer el mesero para corregir un problema. Es molesto para el cliente y para el mesero tener que rastrear al gerente para corregir un problema. ¿Si la sopa de un cliente está fría, el mesero debe poder decir, "yo puedo traerle otro cóctel mientras le consigo otro bol? Invitación de la casa". Es irritante y refleja pobremente a la dirección si el mesero tiene que decir "Permítame verificar con el gerente, quizá nosotros podamos sacar algo fuera de su factura". No dando poder alguno a sus meseros en estas situaciones, les dice que usted no confía en ellos. También le dice al cliente que el restaurante se preocupa más de las finanzas que la experiencia del cliente.

- **Dé un mecanismo de apoyo a los meseros.** Aunque el cliente siempre tiene razón, asegúrese que sus meseros saben que usted los apoya. No permita que su mesero se pare y diga, "no, me temo que el cocinero no puede preparar el plato así", entonces intervenga el gerente y diga "por supuesto que el cocinero puede hacerlo". Dé a sus meseros reglas consistentes a seguir en el comedor y ¡asegúrese que de seguirlas usted también!

- **Quejas telefónicas.** Si un cliente llama con una queja, no deje al cliente esperando en línea. anote el nombre del que llama, la dirección y número de teléfono y responda al cliente con un tono cortés y tranquilizador. Discúlpese por el problema y ofrezca una solución. Los gerentes también deben hacer seguimiento a la queja volviendo a llamar en un día o deben decir ciertamente que la situación fue manejada satisfactoriamente..

Políticas del Restaurante

Todos sus empleados deberían ser entrenados teniendo en cuenta sus específicas políticas del restaurante. Asegúrese de que sus empleados tienen versiones escritas de estas políticas, y que usted sigue todas las reglas extendidas por las políticas gubernamentales. Refuerce su aprendizaje incluyendo información sobre las políticas en una reunión de entrenamiento regular. Algunas políticas, incluyendo EEO, el acoso sexual y ADA son requeridas por la ley. Enfóquese en lo siguiente:

- **Un buen recurso general para las políticas es el HR Laws Index.** Ingrese en: http://www.hrlawindex.com/index.html.

- **Oportunidad Igual De Empleo (EEO).** El Federal Equal Employment Opportunity Act requiere a los empleadores tratar a todos los empleados de manera justa, imparcial, en todos los aspectos de contratación, entrenamiento, la promoción y desarrollo

- **Americanos con Discapacidades (ADA).** Este acta, aprobada en el Congreso en 1990, prohíbe a los empleadores a discriminar a los individuos con discapacidades mentales o físicas, o a los enfermos crónicos. La Equal Employment Opportunity Commission (EEOC) ofrece talleres gratuitos sobre incentivos de impuestos para pequeños negocios que contratan individuos con discapacidades. Para más información en los talleres, visite: http://www.eeoc.gov/initiatives/nfi/index.html.

- **Acoso sexual** El acoso sexual es un hecho desagradable de la vida. Haga saber a sus empleados que no se tolerará en su establecimiento. Tenga una política de acoso sexual escrita establecida y esté seguro que cada empleado recibe una copia. Vaya un paso más allá y exíjale a cada nuevo empleado que reciba entrenamiento en el tema. Hay muchos videos disponibles para el tal entrenamiento de las varias fuentes. Ingrese a: http://www.trainingabc.com/hotel.htm por videos específicos para la industria de restaurantes. El sitio Web The Sexual Harassment Training Video Series es otra fuente para materiales de entrenamiento. Puede ser encontrado en: http://www.sexualharassmentvideos.com/. Usted puede encontrar más información específica en las pautas de la EEOC sobre acoso sexual en: www.eeoc.gov. además, la Equal Employment Opportunity Commission ofrece entrenamiento y publicaciones gratuitas en el tema de acoso sexual.

- **Disciplina.** Cada lugar de trabajo debe tener un procedimiento disciplinario escrito establecido, con copias escritas de este procedimiento para cada empleado. Refuerce la política, en todo momento. Es malo para la moral si usted tiene un empleado que constantemente actúa con una conducta impropia. Puede ahorrarse muchos dolores de cabeza cuando venga un ex-empleado que lo demande por despido injusto. Asegúrese de documentar informes de toda acción disciplinaria y ponga estos informes en los archivos del empleado. Determine qué tipos de conducta requieren disciplina en su restaurante. Un mesero que llega tarde una vez probablemente no entre en esta categoría. El ausentismo crónico, el robo, beber en el trabajo y el trabajo de baja calidad son razones legítimas para empezar el proceso disciplinario. Repase su política anualmente con los empleados.

- **Paga.** Asegúrese que su personal conoce sus políticas de paga. Estas deberían ser comunicadas a todos los nuevos empleados e incluidas en los paquetes de orientación.

Seguridad

Los accidentes en el lugar de trabajo suceden. Como usted responde a ellos puede representar toda la diferencia entre la vida y muerte. La primer cosa que hacer es tener un plan de seguridad establecido y entrenar a sus meseros para conocerlo y entender los elementos de este plan, para que ellos puedan responder serena y rápidamente. Si usted vive en un área que experimenta actividad de tornados, incluya qué hacer en esta situación. Todos los planes deberían incluir diagramas de fuego. Usted también debe tener una ruta de anunciada de salida de emergencia, extintores de incendios y equipos de primeros auxilios en las oficinas. Aquí hay algunas buenas maneras para entrenar a sus meseros (y al resto del personal) sobre los problemas de seguridad:

- **Cruz Roja.** Ofrezca a su personal entrenamiento de la Cruz Roja. Asegúrese que todos los meseros conozcan las precauciones universales, primeros auxilios, la maniobra del empuje abdominal y CPR. Contacte a la Cruz Roja en: www.redcross.org.

- **Departamento de Bomberos.** Su departamento local de bomberos les dará a sus empleados entrenamiento gratuito sobre como usar los extinguidores.

- **Simulacros.** Ponga a sus empleados en simulacros de fuego y de tornados. Si ocurre un accidente, dependerá de sus empleados ayudar a sus clientes, entonces asegúrese que ellos saben que hacer. Usted puede hacer simulacros de primeros auxilios durante las reuniones de entrenamiento. Haga que un empleado simule una enfermedad o lesión y vea qué tan apropiadamente y rápidamente otro empleado responde.

- **OSHA.** Ponga a sus empleados en simulacros de fuego y de tornados. Si ocurre un accidente, dependerá de sus empleados ayudar a sus clientes, entonces asegúrese que ellos saben que hacer. Usted puede hacer simulacros de primeros auxilios durante las reuniones de entrenamiento. Haga que un empleado simule una enfermedad o lesión y vea qué tan apropiadamente y rápidamente otro empleado responde.

Políticas de Reporte de Propinas

Asegúrese de advertir a todos los nuevos contratados acerca de los procedimientos para reportar propinas. Tenga este procedimiento en una forma escrita y revísela anualmente. Considere los siguientes asuntos:

- ¿Quién tiene que reportar propinas? Los empleados que reciben $20 o más en propinas, por mes, son exigidos a informar sus propinas por escrito a usted. Cuando usted reciba el informe de propinas de su empleado, usted debería usarlo para calcular el monto de la Seguridad Social, Seguro médico del Estado e impuestos a retener sobre los ingresos para el período de paga tanto en los sueldos como en propinas informadas. Para más información en las responsabilidades del empleador en el reporte de propinas, visite el sitio Web de la IRS en: www.irs.gov y mire a la Publicación 15, Circular E, Guía de Impuestos del Empleado. Para más información en responsabilidades del empleado, vea la Publicación 531, Ingreso de Reporte de Propinas.

- **Decisiones recientes de la Corte Suprema.** En junio del 2002, el Tribunal Supremo ordenó que el IRS pueda estimar el ingreso agregado de propinas de un restaurante y puede facturar al dueño del restaurante por su porción de impuestos de Seguridad Social y Seguro médico del Estado en propinas no reportadas. Esta decisión pone una carga mayor en los dueños de restaurantes para asegurarse que los empleados declaren todo el ingreso de las propinas, porque es probable que sean recargados por el IRS si ellos estiman incorrectamente las propinas ganadas. Ya que esta decisión es tan reciente, es incierto como afectará exactamente los procedimientos de reporte de propinas a los dueños del restaurante. Actualmente, las leyes no son afectadas por la reciente decisión de la corte y los empleados todavía son legalmente responsables de informar todas las propinas a sus empleadores, una vez al mes. A su vez, los empleadores todavía son responsables de informar estas cantidades al IRS y pagar el impuesto FICA a la cantidad.

- **Compromiso Alternativo de Reporte de Propinas (TRAC).** Muchos expertos legales en restaurantes sugieren que en la situación actual, si usted no tiene un acuerdo de TRAC con el IRS, usted debería considerar entrar en uno. Bajo un acuerdo de TRAC, el restaurante dice que educará a los empleados sobre los requerimientos de reporte de propinas y mantendrá y archivará el papeleo relacionado a las propinas. A cambio, el IRS está de acuerdo en no perseguir a los dueños de los restaurantes por su porción de impuestos sobre la nómina en las propinas no informadas. Un acuerdo de TRAC no lo protegerá de una auditoría completa, pero puede ayudar a su situación.

- **Como entrenar a sus meseros en reportar las propinas.** Incluya esta información en sus paquetes de orientación para nuevos contratados. Usted también puede querer comprar un kit de reporte de propinas de www.restaurantworkshop.com. Estos kits incluyen materiales educativos que usted puede distribuir a sus meseros. También considere invitar a un contador a hacer una sesión de entrenamiento con sus meseros.

- **Acción de la Industria de restaurantes.** La National Restaurant Association está presionando al Congreso para pedir que declaren claramente que el IRS no puede usar el método de valoración agregado para presionar a los empleadores por la política de propinas de los empleados así como a su ingreso de propinas. Obviamente este asunto no se está completamente establecido; para mantenerse

actualizado con la información relacionada a las reglas de la
IRS sobre el informe de propinas, ingrese al sitio web del
IRS en:www.irs.gov y el sitio web de la National Restaurant
Association en: www.restaurant.org.

- **Recursos.** El Kit Educación de Reporte de propinas de la
  National Restaurant Association incluye carteles, rellenos de
  nómina de pago, listas de control de gerente y folletos del
  empleado para ayudarle a cumplir las leyes reporte de
  propinas a sus empleados. La National Restaurant
  Association también ofrece "Legal Problem Solver for
  Restaurant Operators" que puede comprarse en su sitio web
  en: www.restautant.org.

Políticas de Ventas de Alcohol

Las ventas del alcohol pueden ser gran fuente de entradas y
un hacedor de ganancia si un restaurante tiene una licencia
de vino y cerveza o de licor. Desgraciadamente, en la atmósfera
actual puede ser también una obligación. En recientes años, los
periódicos han estado llenos de historias sobre restaurantes y/o
empleados siendo demandados porque un cliente estaba
manejando en estado ebrio e hirió o mató a alguien en el camino
a casa. El primer paso en las ventas de alcohol responsables es
estar seguro que usted y sus meseros saben las leyes y las rami-
ficaciones de las leyes que afectan a las ventas del alcohol. Aquí
están las esenciales:

- **Tenga una política de venta de alcohol establecida.**
  Esta política debe incluir una descripción de leyes federales,
  estatales y locales que gobiernen sus ventas de alcohol.
  También debe dar una serie de reglas para sus meseros,
  incluyendo no vender a menores y no vender a clientes
  intoxicados. Usted también debe poner los límites. Por
  ejemplo, tenga una política establecida que dice que si un
  cliente toma cuatro bebidas, el mesero debe notificar al

gerente. El gerente puede supervisar la situación entonces y puede determinar si el cliente necesita ser detenido o no. Usted también puede querer establecer una relación con una compañía de taxis local para esas ocasiones en que usted necesite sugerir un taxi a uno de sus clientes.

- **Entrene a sus meseros.** Asegúrese que sus meseros conocen y siguen sus políticas de ventas de alcohol. Dígales que sigan el rastro de lo tomado por los clientes si parece que puede haber problemas potenciales. Usted también puede hacerles ofrecer un menú a un cliente que puede solo estar bebiendo. Si es necesario, usted puede querer traerle un regalo a un cliente intoxicado. ¡A la larga esto es mucho más barato que una demanda judicial! También, asegúrese que los meseros están verificando las Identificaciones y sus meseros están midiendo la cantidad de alcohol que ellos están sirviendo. Son buenos los ejercicios de interpretación de roles y videos de métodos de entrenamiento para ventas de alcohol. Haga a un mesero interpretar a un cliente intoxicado y a otro tomar el papel de mesero. ¿Cómo se encarga de la situación cada empleado? Tenga una discusión de grupo después del ejercicio.

- **Si ocurre un accidente.** Asegúrese que su mesero logre incluir a la gerencia en cualquier incidente. También, documente todo lo que ocurre

- **Recursos.** La National Restaurant Association Educational Foundation ofrece materiales de entrenamiento relacionados al servicio responsable de bebidas alcohólicas. Usted puede encontrar esta información en: http://www.nraef.org/. El sitio web www.restaurantbeast.com ofrece la descarga gratuita de folletos de conciencia sobre el alcohol, una prueba de conciencia sobre el alcohol para los meseros, una guía de concentración alcohólica en la sangre (BAC) y una referencia de estado BAC. Usted también puede encontrar información acerca del abuso del alcohol en: www.icap.org, el sitio web del International Center for Alcohol Policies.

Como Servir Alcohol

Aunque sus meseros no tienen que entender el proceso de fermentación o destilación, ellos tienen que estar familiarizados en los diferentes tipos de alcohol, diferentes vasos y la terminología básica:

- **Servir.** El personal de servicio siempre debe servir rápidamente las bebidas alcohólicas. Que tan rápidamente alguien obtiene su bebida puede establecer el tono y humor del cliente esa noche. Si el mesero no llega con la bebida en menos de 10 minutos, el cliente se dará cuenta que su comida probablemente será igualmente lenta. Si el mesero está atrasado, un anfitrión o gerente deben encargarse que la mesa reciba sus bebidas rápidamente. Como con la comida, las mujeres son servidas generalmente primero.

- **Cristalería.** Se usan vasos diferentes para diferentes bebidas alcohólicas. Asegúrese que sus servidores saben la diferencia entre un jigger, trago largo, vaso de martini y copa de champaña, así como la diferencia entre la los vasos de vino blanco y tinto. Siempre asegúrese de que sus meseros recogen la cristalería correctamente. Ellos nunca deben tocar el borde; los vasos deben recogerse por el asa o la base en el caso de un vaso de vino.

- **Tipos de alcohol.** Además del conocimiento de la cristalería, su mesero debe estar familiarizado con los diferentes tipos de alcohol. Por ejemplo, asegúrese que su personal de atención sabe que como whisky puede referirse al whisky irlandés, el Borbón, el centeno, el whisky escocés, mezclado o al canadiense.

- **Probando su conocimiento.** Pruebe el conocimiento y servivio de alcohol de sus meseros. Haga las pruebas divertidas, sin embargo, otorgando un premio al servidor que consigue el puntaje más alto y al servidor que más ha mejorado desde la última prueba. Interpretar roles también funciona bien. Haga actuar a uno de sus meseros como si fuera el cliente y ordene varias bebidas. Haga al segundo servidor traerles el vaso y botella de alcohol apropiados. Otros juegos funcionan para probar este conocimiento también. Usted podría elegir equipos y podría jugar una versión revisada de Family Feud o Jeopardy. Por ejemplo, si usted va a jugar el Jeopardy, haga a las categorías "Cómo Mezclar", "Qué no decir a un cliente Intoxicado", "Niveles de Alcohol en la Sangre","Tipos de Vodka", y " Comida y Vino" Hágalo un esfuerzo de equipo y entregue premios al equipo ganador.

Vino

WAunque el vino es alcohol, nosotros lo tratamos separadamente aquí porque hay más matices para el servicio del vino que el servicio de otras bebidas alcohólicas. A muchas personas les gusta beber el vino con la comida, entonces el servicio del vino involucra un conocimiento mayor del propio vino que de otras bebidas alcohólicas. Si alguien ordena un whisky escocés y una soda para la cena ellos no se preocuparán si va con el especial de cordero. Cuando un invitado pide vino, sin embargo, ellos normalmente intentan combinarlo con la comida que ellos están pidiendo. Debido al enlace importante entre la comida y el vino, muchos restaurantes no toman un pedido de vino hasta después de que los invitados hayan hecho sus pedidos de comida. Las siguientes pautas le ayudarán a servir vino con olfato:

- **Tamaños de Botellas.** Muchos restaurantes tienen botellas de vino de 750 ml para la venta. Ellos también pueden ofrecer divisiones de vino o champagne, que son generalmente la mitad del tamaño de una botella regular. Muchos restaurantes también almacenan las botellas más grandes de vino de la casa para servir en vasos individuales.

- **lenguaje del vino.** Es importante que sus servidores conozcan los elementos esenciales sobre el vino, las variedades de uva más comunes y cómo las personas analizan el vino. Sus servidores deberían poder analizar el color de vinos y olor ("nariz") y sabor ("paladar"). Usted también puede querer que ellos puedan distinguir la diferencia más sutil de colores. ¿El vino es amarillo como un Chardonnay o más claro como un Pinot Grigio? Algunos de los términos que las personas usan para describir olor y sabor incluyen seco, dulce, terroso y humeante. Ellos también pueden decirle que el sabor de un vino es recordatorio de otro sabor, como frambuesas o pimienta. Lo más importante, sus servidores deben saber que vinos en su establecimiento son dulces y cuales secos. Esta es la categoría principal en la cual los clientes basarán su decisión al elegir vino. Para consejos útiles sobre el lenguaje del vino, visite: http://www.demystifying-wine.com/.

- **Leyendo etiquetas de vino** La guía de Franklin Miami Publishing "How to read wine labels" resume todo lo que usted necesita saber para conocer acerca de interpretar la información en etiquetas de vino. Vaya a: http://www.franklinmiamipublishing.com.

- **Ayudando a un cliente a elegir vino.** Muchos clientes preguntarán al servidor para un consejo de especialista en que vino escoger. Asegúrese que sus servidores estén cómodos con este papel. Para hacer esto lo más importante es que los servidores estén familiarizados con la lista de vinos del restaurante y que sepan como saben todos esos vinos. Si el cliente es particularmente conocedor de vinos, el servidor podría sugerir conseguir a un gerente o a alguien más, con mayor conocimiento de vinos, para ayudar al cliente. Usted también debe animar a los servidores para permitir que los clientes prueben el sabor de los vinos que usted ofrece por vaso.

- **Sirviendo vino.** Los vinos tintos deberían servirse a

temperatura ambiente y los vinos blancos deberían enfriarse a aproximadamente 50 grados. Para servir una botella de vino, presente la botella a la persona que lo pidió, con la etiqueta de frente al cliente. Una vez el cliente ha aprobado el vino, ponga la botella en la esquina de la mesa para abrirlo. Corte la lamina del borde inferior del tope de la botella y ponga la lámina en el bolsillo de su delantal. Quite el corcho y vierta una onza o dos para que la persona que lo pidió pueda saborear. Usted también puede poner el corcho al lado de esta persona para que puedan inspeccionarlo, si ellos quieren. Después de que el cliente ha saboreado y ha aprobado el vino, servir a todo los integrantes del grupo que lo comparten, empezando con las mujeres del grupo. Cuando usted termina de servir un vaso, dé un medio giro a la botella mientras usted la levanta para evitar derramar. También tenga una servilleta al lado del cuello de la botella para que agarre cualquier derramamiento. Al llenar los vasos de vino, el servidor debe llenar una mitad a dos tercios.

- **Pronunciación.** Asegúrese de que sus meseros están familiarizados en como se pronuncian todos los vinos de su lista.

- **Vino y comida.** Sus meseros deberían saber como sugerir un vino para complementar un plato. Usted puede ayudarlos incluyendo esta información en el menú si hay espacio, pero los meseros aún necesitan saber como hacer sugerencias para el cliente..

- **Recursos de Vinos.** Hay muchos libros y revistas sobre vino. Algunas de las más respetables son "Exploring Wine: The Culinary Institute of America's Complete Guide to Wines of the World", Robert Parker's "Buying Guide", Oz Clarke's "Encyclopedia of Wine", Hugh Johnson's "Wine Atlas", Tom Steven's "New Sotheby's Wine Encyclopedia".

- **"Hachette Wine Guide 2002".** Reconocida como la "Biblia del vino Francés" y "La Guía definitiva del vino francés" la guía Hachette tiene más de 9000 vinos elegidos de 30000 y descritos por 900 expertos.

- **Recursos online.** Pruebe el Wine Spectator en: www.wine-spectator.com, Wine and Spirits: www.wineandspirits-magazine.com y Wine Enthusiast: www.wineenthusiast.com. también hay recursos Web con información en vino. El sitio http://www.tasting-wine.com/html/etiquette.html Tasting Wine, es un buen recurso. La página Web de terminología de vinos de Good Cooking en: http://www.goodcooking.com/winedefs.asp. Finalmente, el sitio Web del American Institute of Wine and Food's tiene información en secciones locales; www.aiwf.org y Wines.com en: www.wines.com ofrece respuestas de expertos, degustación virtual de vinos y una base de datos de búsqueda online.

- **Entrenamiento en Vino.** ¡Una de las mejores maneras de entrenar a su personal de servicio sobre vinos es dejarlos degustarlos! Haga degustaciones regulares de vinos para los meseros. Haga tarjetas de degustación de vinos y hágalas llenarlas por ellos sobre las especificaciones de los vinos que están probando. Muchas veces su proveedor de vinos puede ser llamado para que ayude en estos entrenamientos. Usted también debería tener sesiones que incluyan degustar los artículos del menú así los meseros pueden entender por que un Cabernet Sauvignon es una buena elección con un bife, pero una mejor elección con un pescado puede ser un Sauvignon Blanc. Usted puede entrenar a los meseros en como servir el vino desde la botella usando botellas llenas con agua con colorante.

Seguridad de los Alimentos

Cada miembro de su personal debe ser entrenado en la seguridad de los alimentos. Causar una enfermedad originada por la comida puede tener un gran impacto en sus ventas. ¡No sólo tiene la chance de ser demandado, muchos departamentos de salud y periódicos publican las incidentes de enfermedades producidas por la comida y este no es el tipo de anuncio que atraerá a clientes! Además, la enfermedad originada por la comida puede ser potencialmente riesgosa para la vida. Los clientes más viejos, niños y aquellos con enfermedades crónicas son particularmente vulnerables a consecuencias serias de las enfermedades originadas por la comida. Usted y su personal necesitarán saber los siguiente elementos esenciales:

- Compre y use tablas para cortar codificadas por color para todos los productos de comida para prevenir la contaminación cruzada. Vea www.atlantic-pub.com.

- Use un sanitizante para limpiar las superficies que entran en contacto con la comida.

- Asegúrese que sus empleados lavan sus manos

- **HACCP (Punto de Control Crítico de Análisis de Riesgos).** Hasta hace poco, el HACCP se usaba casi exclusivamente en las plantas de producción de comida, pero los restaurantes están empezando a adoptar este sistema de seguridad de los alimentos. Tener un sistema HACCP establecido podría ahorrarle una fortuna en costos de obligaciones. Si un incidente surge, usted puede ser capaz de demostrar que estaba usando cuidados razonables y esto puede ser de gran importancia en una demanda legal.

- **Hay siete principios que el HACCP usa.** Básicamente estos principios dicen que usted necesita identificar todos los puntos críticos en que la comida puede volverse insegura, como durante la cocina, almacenamiento y producción. Entonces usted debe establecer las medidas para asegurar que la comida permanezca segura. Estas medidas pueden incluir acciones como establecer tiempos de cocción mínimos para los artículos del menú y tener políticas sobre cuánto tiempo la comida puede permanecer a la temperatura ambiente antes de que deba tirarse. Adicionalmente usted debe establecer los métodos para supervisar que estas políticas están siguiéndose y usted debe establecer las acciones correctivas a tomar si las medidas de seguridad no han sido aplicadas. Para más información sobre HACCP, las listas de control de HACCP y plantillas de formas de HACCP, en el sitio Web de la the Food Safety, Education and Training Alliance en: http://www.fstea.org/resources/tooltime/forms.html.

- **Salmonella.** Muchos de nosotros estamos familiarizados con la salmonella y la e.coli pero hay muchas otras enfermedades originadas por la comida con un rango de síntomas similares. Para mas información en estas enfermedades entre en el sitio Web del Center for Disease Control en: http://www.cdc.gov/health/default.htm#F y busque el tópico "enfermedades provocadas por la comida". Para entrenar sus servidores en las variadas enfermedades cree un juego con tarjetas, tenga las enfermedades de un lado y qué la causa en el otro. Entonces vea quién puede conseguir la mayoría de tarjetas correctas en un período de 3 minutos. ¡Otórguele al ganador un certificado de regalo de película!

- **Contaminación Cruzada.** Las enfermedades originadas por la comida son frecuentemente causadas por contaminación cruzada. Esto significa que la bacteria de una fuente de comida cruza a otra. Mientras en la mayoría de los casos ocurren en la parte trasera del local, los servidores pueden causar esta situación también. Un ejemplo de esto es usar la misma tablavpara cortar los tomates de la ensalada y rebanar el pollo crudo. Mantenga tablas de cortar separadas para la ensalada y las áreas de meseros. Hay tablas de acrílico coloreado en el mercado

que pueden servir como un recordatorio para su uso.
Cuelgue un letrero sobre el área en que las tablas de
cortar son almacenadas diciendo que las verdes son para
ingredientes de ensaladas.

- **Prácticas antihigiénicas.** Prácticas antihigiénicas que
sus servidores deben evitar incluyen el masticar chicle,
comer comida en áreas de preparación de comida y
probar la comida usando sus dedos. También, asegúrese
que los servidores se cubran cualquier corte y usen
guantes cuando manipulan comida. Además, anime a
que sus trabajadores se queden en su casa si están
enfermos. Alguien con un refrío o gripe no debe estar
manipulando comida. Los trabajadores del restaurante
usualmente van a trabajar enfermos para evitar perder
dinero. Haga que sus empleados practiquen la seguridad
de los alimentos estableciendo políticas que los animen
a que ellos se queden en su casa cuando estén enfermos.
Considere proporcionarles licencia por enfermedad.
Quizás usted podría agregarlo como un beneficio
después de que un empleado ha estado con usted una
cierta cantidad de tiempo. Agregando este beneficio usted
puede mantener su abastecimiento de comida más
seguro y puede bajar su tasa de reemplazos.

- **Entrenamiento.** Hay varias maneras de entrenar a los
servidores sobre seguridad de los alimentos. Usted puede
enrolarlos en el programa Servsafe, de la National
Restaurant Association o en universidades del área.
Aunque usted puede hacer algo de entrenamiento
interno, es mejor obtener entrenamiento experto cuando
se trata de algo tan crítico como la seguridad de los
alimentos.

- **Recursos de Información.** Hay muchos recursos de
información de seguridad en la comida en la Web.
Ingrese en los siguientes sitios para mas información:

- Food Safety Training and Education Alliance en: http://www.fstea.org/ ofrece materiales de entrenamiento incluyendo videos y folletos.

- El USDA tiene materiales de entrenamiento disponibles en su sitio Web, también como materiales HACCP en: http://www.nal.usda.gov/fnic/foodborne/haccp/index.shtml

- El Food Safety and Inspection Service of the United States Department of Agriculture en http://www.fsis.usda.gov/OA/consedu.htm tiene información y recursos de entrenamiento.

- http://www.americanfoodsafety.com/ es el sitio Web de la American Food Safety. Este sitio ofrece cursos en seguridad de los alimentos y Certificación en Dirección de Protección de la Comida.

- La National Restaurant Association's Educational Foundation en: www.nraef.org ofrece la certificación Servsafe.

- www.foodsafetyfirst.com, Food Safety First ofrece videos que usted puede usar para entrenamiento.

- Portal al Us Government Food Safety Information: http://www.foodsafety.gov/
- Bad Bug Book, vm.cfsan.fda.gov/ ~mow/intro.html.

- Safety Alerts, www.safetyalerts.com.

- E. Coli Food Safety News: MedNews.Net®, www.MedNews.Net/bacteria.

- Safe Food Consumer, www.safefood.org.

- Food Safe Program, foodsafe.ucdavis.edu/ homepage.
- International Food Safety Council,www.nraef.org/ifsc/ ifsc_about.asp?level1_id=2&level2_id=1.

"¿Están Sus Manos Realmente Limpias?"

E l lavado de las manos es quizás el aspecto más importante para una buena higiene personal en el servicio de comida. De hecho, una de las prácticas más fáciles en que su personal puede comprometerse para evitar una enfermedad originada por la comida y eliminar la contaminación cruzada es lavando sus manos. En la industria de comida, las manos de sus servidores entran en el contacto con muchos portadores potenciales de bacterias. Para lavar sus manos apropiadamente, los servidores deben lavarlas bajo agua caliente con jabón durante 20 segundos, asegurándose de refregarse entre los dedos y hasta los antebrazos. Después de lavar, el empleado debe usar un sanitizante para manos. Haga fácil a sus servidores el lavarse las manos a lo largo de sus turnos. Además, al trabajar con comida, ellos deberían lavarse las manos tanto cuando llevan guantes como cuando tienen las manos desnudas. Tenga un fregadero de lavado de manos instalado cerca de sus áreas y asegúrese que estén disponibles toallas del papel, jabón y sanitizante. También, siempre asegúrese que sus empleados laven sus manos después de fumar un cigarrillo.

- **Intente el siguiente ejercicio:** primero, usted necesitará una sustancia fluorescente y luz negra. (Una posible fuente para esto es Atlantic Publishing's Glo Germ Training Kit. Vea http://www.atlantic-pub.com o llame al 1-800-541-1336.) Usando estos materiales usted puede mostrar a sus entrenados la "suciedad invisible" que puede estar escondiéndose en sus manos:
  - Haga que sus empleados metan sus manos en la sustancia fluorescente.

  - Dígales a sus empleados que laven sus manos.

- Haga que sus empleados tengan sus manos bajo la luz negra para ver cuanta "suciedad" está todavía allí.

- Explique la técnica apropiada de lavado de manos.

- Haga que sus empleados laven sus manos de nuevo, esta vez usando la técnica apropiada para lavado de manos.

- Haga poner de nuevo las manos de los empleados bajo la luz negra.

Terminología Básica

Asegúrese que sus servidores conocen la terminología básica de la cocina. Aquí hay algunos de los términos más importantes con los cuales tendría que estar familiarizados:

- **Horneado/Asado** – cocinado en el horno, descubierto.

- **Ennegrecido** – sazonado con especies incluyendo cayena y cocinado a un calor extremadamente alto en una sartén.

- **Cocido** – cocinado en el horno, cubierto.
- **Coulis** – un espeso aderezo concentrado.

- **Frito Profundo** – la comida es sumergida en grasa líquida caliente, y es cocinada completamente.

- **Frito** – cocinado en grasa caliente, frecuentemente manteca o aceite, a temperatura media a alta.

- **Grillado** - cocinado en una parrilla sobre carbón de leña, madera o gas

- **Marinada** - un líquido usado para saborizar la comida antes de cocinar, puede incluir hierbas, especias, limón, aceiteo o bebidas alcohólicas

- **Escalfado**. – cocinado en o sobre agua hirviendo.

- **Puré** - el ingrediente es licuado hasta que alcance una consistencia lisa. Muchos aderezos y salsas son hechos con purés de fruta o de verduras.

- **Reducir** - hervir un líquido rápidamente hasta que la evaporación reduzca el volumen. Esto intensifica el sabor; frecuentemente es un método usado para las salsas.

- **Roux** – partes iguales de harina y grasa cocinadas sobre alta temperatura. Usado para espesar salsas – muy comúnmente usado en la comida Cajún.

- **Sautéed** – cocinado muy rápidamente en una pequeña cantidad de grasa sobre calor directo.

- **Seared** – usualmente se refiera a carne y significa broncear rápidamente sujetando el ítem a una muy alta temperatura.

- **Al vapor** - cocinado poniendo encima de un rack o en una cesta de vapor y entonces ubicado encima de fuego lento o agua hirviendo en una cacerola cubierta.

- **Estofado** - la comida apenas se cubre con un líquido y se cuece a fuego lento despacio en una cacerola con una tapa firmemente cerrada.

- **Cocido a fuego lento** - la comida se cocina suavemente en el líquido caliente, lo suficientemente bajo para mantener pequeñas burbujas rompiendo en la superficie.

• **Revuelto-Frito** – comida freída rápidamente cortada en pequeños trozos sobre una alta temperatura mientras se revuelve constantemente.

Salsas

Sus meseros deberían conocer acerca de los siguientes tipos de salsas:

• **Salsas Blancas** - las salsas blancas incluyen el bechamel, salsas de crema y salsas de mostaza - normalmente incluyen leche o crema.

• **Salsas Marrones** - estas son hechas con elementos marrones. Los ejemplos incluyen bordelaise, diablo y chasseur. Estas salsas tienen a frecuentemente vino agregado y no incluyen crema o leche.

• **Salsas Emulsionadas -** estas salsas incluyen la salsa hollandaise. Es una salsa hecha de dos ingredientes que normalmente no se pueden combinar. En el caso de la hollandaise, estos ingredientes son huevos y jugo de limón.

• **Salsas de Manteca** – las salsas basadas en manteca incluyen beurre blanc, beurre rouge y beurre noir. El ingrediente principal en estas salsas es la manteca, pero también pueden incluir vinagre, chalotes y jugo de limón.

• **Salsa/chutneys** – Los chutneys son hechos de fruta, especias vinagre y azúcar, frecuentemente son cocinadas. Las salsas son cocidas o crudas y usualmente consiste en tomates o frutas con chiles, cebolla, ajo y otros variados ingredientes frescos.

- **Salsas de Postre** – estas salsas son hechas frecuentemente de puré de frutas o pueden ser de chocolate o caramelo. Coulis frecuentemente se usa como una salsa de postre. Sanbayon es una salsa de postre echa con vino, yemas de huevo y azúcar.

Cuentas Computarizadas

Hoy en día, muchos dueños de restaurantes tienen registradoras computarizadas. Usted necesitaría saber acerca de lo siguiente:

- **Caja registradora computarizada.** Estas registradoras tienen muchas ventajas. Es fácil ejecutar reportes acerca de todo desde cuanto fue vendido de cada una de las entradas en cada turno a costos diarios de comida, al número de comidas entregadas por cada empleado ese día. Entrene a sus meseros para usar esas registradoras a su máxima extensión. Muchas compañías que venden esas unidades también ofrecen entrenamiento a precios rebajados.
- **Sistemas de Punto de venta (POS).** Estos sistemas van un paso mas allá que la simple caja registradora computarizada independiente. Estos sistemas conectan el salón comedor, cocina y oficina. Usted puede optar por una terminal para los meseros, que puede ser usada en el puesto de los meseros para ingresar información tal como el número de clientes y pedidos de comida. En muchos de estos sistemas se tiene una pantalla sensible que guía al mesero a través del proceso. Hay también terminales manuales de pedidos disponibles. Los meseros cargan estas unidades con información a medida que la toman del cliente. Con un sistema de

punto de venta, la información es automáticamente generada por la cocina. Conociendo los números recopilados por un sistema POS le dará al operador más control sobre el inventario, réditos de la barra, horarios de trabajo, horas extras, servicio y tráfico de clientes. Ellos también reducen las chances de robos.

Algunos beneficios de usar un sistema POS:
- Incrementa la información de ventas y contabi lidad;
- Seguimiento personalizado.
- Reporta las ventas y desempeño del personal de servicio.
- Reporta el desempeño de un artículo del menú.
- Reporta el uso del inventario.
- Procesa compras con tarjetas de crédito.
- Suma precisa en las cuentas de los clientes.
- Previene de ordenar artículos incorrectos.
- Previene la confusión en la cocina.
- Reporta posibles robos de dinero e inventario.
- Registra el tiempo trabajado de los empleados.
- Reporta las ventas que se pierden del menú para la preparación y pronostico del menú.
- Reduce tiempo gastado en caminar a la cocina y el bar.

- **Mejoras al POS.** Muchos sistemas POS han sido mejorados grandemente para incluir envíos a domicilio, libro de invitados, reservas on-line, módulos frecuentes de restaurante y sistemas completamente integrados con el inventario en tiempo real, identificación de llamado integrado, contabilidad, programación de trabajo, pago de salarios, análisis del menú, compras y recepciones, administración y reportes de caja. Las recientes y venideras mejoras y agregados incluyen funcionalidad mejorada a través de Internet, funcionalidad centralizada permitiendo "alertas" enviadas a los gerentes y tecnología de POS de reconocimiento de voz. Sitios Web de POS para información adicional:

- www.alohaenterprise.com
- www.nextpos.com/english/overtureredirproducts.htm
- www.microworks.com
- www.restaurant-pos.com
- www.restaurantpos.com
- www.touch2000.com/touchsystems.htm
- www.touchnserve.com
- www.chefsystems.com

- **El futuro de los POS.** A medida que el mercado de trabajo continúa disminuyendo, las pantallas sensibles con sistemas POS se volverán esenciales. Se ha predicho que en los siguientes años los clientes pueden hacer sus propios pedidos. Las terminales serán simplemente dadas vuelta. Durante los periodos estacionales pico, ordenar comida puede ser como cargar su propio combustible al auto, los clientes harán sus propias selecciones y después deslizaran la tarjeta de crédito para realizar el pago.

Llevando los Pedidos Hacia la Cocina

En muchos restaurantes el mesero toma el pedido a mano en la mesa, va al cajero, área de servicio u otro lugar conveniente para ingresar la información a la computadora. Entonces dependiendo de la sofisticación del sistema, el pedido va a los cocineros ya sea por computadora o el mesero le lleva a la cocina la orden del cliente. El pedido es entonces ubicado en una rueda o estante. La mayoría de las órdenes de pedidos de los clientes tiene capas múltiples y áreas de escritura; entrene a sus meseros en como escribir estas ordenes para la cocina, correctamente. Por ejemplo, la orden puede tener una copia en papel y una capa en papel carbónico en la parte superior, que se divide en dos áreas por una perforación. Su mesero conserva la copia en papel, escribe la orden de comida en la sección más grande de la hoja perforada y el aperitivo en el área pequeña.

Cuando la orden del cliente va a la parte trasera, el cocinero de línea y el cocinero del aperitivo dividen la hoja. Para un proceso de pedidos perfecto, intente las siguientes sugerencias:

- **Orden usando taquigrafía.** Aún si está tomando un registro computarizado, sus meseros pueden todavía escribir en las ordenes a mano. Si está usando un sistema completamente computarizado, usted tendrá abreviaturas para remplazar los artículos del menú. ¡Asegúrese que sus meseros los memoricen y si los están escribiendo a mano para los cocineros, asegúrese que las órdenes son legibles!

- **Ejemplos de abreviaturas.** Aquí hay una lista de algunos ejemplos de abreviaciones que usted puede usar para los ítems del menú. cuando desarrolla su propio sistema, sea cuidadoso de la repetición y de abreviaturas que son muy similares:
  - Spag & mt – Spaghetti y meatballs
  - Fett – Fettuccine Alfredo
  - Bif c/ hon – Bife Hoagie con salsa de hongos
  - Poll parm – Pollo a la Parmigiana
  - Ens QA – Ensalada con preparado de queso azul
  - Q man – Queso manicotti
  - Ham c Le/tom/ceb – Hamburguesa, con lechuga, tomate y cebolla.

- **Control de pedidos del cliente.** Usted debería siempre tener medidas para controlar los pedidos del cliente. Esto ayuda a prevenir a los empleados de regalar comidas y bebidas. Haga hincapié en que toda la comida que deja la cocina tiene que tener un pedido del cliente acompañándolo.

- **Contabilidad.** Haga a sus meseros responsables por la contabilidad de todos sus pedidos de clientes, hasta el final del día, cuando ellos pasan el deber a los gerentes.

En lugar de tener una pila de órdenes del cliente que los meseros toman cuando entran en servicio, el gerente de servicio tiene que emitir órdenes de los clientes y guardar un registro de a quién se le dio cada orden. La gerencia puede entonces revisar las ordenes cuando quiera y asegurarse que las cantidades y métodos de pago de cuentas al cliente coinciden con lo que la computadora dice.

- **Tenga una política establecida por si se pierden órdenes.**

- **Recursos online para sistemas de computadoras:**

- Canfield Business Systems, Inc: http://www.possales.com/

- American Micro Tech en http://www.goamtech.com/ ofrece sistemas computarizados.

- The Cash Register Store ofrece unidades con descuento en: http://www.google.com/url?q=http://cashregisterstore.com &sa=l&ai=AjGfsJM2N94ZgOgKqUcunBUIoX8c26EPvTagACA pTAAo4JEgACA&num=2

- Cookery On Line ofrece una lista de proveedores: http://www.cookeryonline.com/Link%20Frames/POS.html

- **Recursos de Ordenes de cliente:**

- http://www.qeforms.com/guest_checks.htm

- http://www.qeforms.com/guest_checks.htm

- Restaurant Association Show's Exhibitor List en: http://www2.restaurant.org/show/exhibitorlist/catdetail/3 890.htm

CAPITULO SIETE

MOTIVANDO

Ambiente del Trabajo

Las personas se motivan para trabajar duro para empleadores que se preocupan de ellos. Cree un ambiente de trabajo afectuoso y sus empleados harán esfuerzo extra para hacer de su establecimiento un lugar mejor:

- **Tome y use las sugerencias de sus empleados.** Proporcione a su personal de un sistema de apoyo, así ellos saben que usted está detrás de ellos.

- **Actúe.** El retener a alguien que no esté alcanzando un desempeño estándar es una manera segura de desarrollar una pobre actitud en el personal. Trabaje para entrenar al empleado. Si el individuo todavía no está logrando la calidad tome la acción de despedirlo. No solo es necesario para una posición del servicio al cliente, también muestra a su personal que usted es serio acerca de mantener un fuerte ambiente del equipo.

- **Pregúnteles.** Las personas compran mucho más fácil una idea si ellos tuvieran alguna participación en la idea en primer lugar. Pregunte a sus meseros como generar ventas. Si usted quiere aumentar sus ventas de aperitivos, reúna a todos y dígales a los meseros que usted quiere generar más ventas de aperitivos. Permítales el torbellino de ideas para proponer los métodos para hacer esto. Luego, como un grupo, elija los mejores dos o tres métodos y deje que los meseros los intenten.

- **Evite la complacencia.** Es fácil perder sus ventajas durante los momentos de calma en el negocio. Encuentre las maneras de mantener a los meseros ocupados durante este tiempo para que ellos no pierdan su velocidad adquirida. Siempre hay tareas que necesitan ser hechas, como preparar la vajilla de plata o rellenar los condimentos, pero intente agregar algunas tareas interesantes a este tiempo perdido también. Permita los meseros gastar algún tiempo probando a los demás en sus conocimientos de vinos. Ellos pueden usar las tarjetas mientras esperan por que el negocio levante. Usted podría orquestar una degustación del menú durante este tiempo también. Úselo también como un dispositivo de comprobación. Haga que sus meseros degusten un plato y permita a cada uno describirlo. Dé un premio a la mejor descripción tal como una cena gratuita esa noche.

- **Beneficios.** En un esfuerzo por profesionalizar el servicio, algunos restaurantes pagan sueldos regulares cada dos semanas, con beneficios incluyendo seguros de salud y dental, los planes 401(k) (con 25% de contribuciones coincidentes), vacaciones pagas y aumentos basados en méritos. Teniendo estos beneficios adicionales motivará a sus meseros para hacer un buen trabajo. Esto también promueve la longevidad. Aunque puede no ser tan atractivo para el estudiante que quiere trabajar turnos cortos u horarios flexibles, los empleados más maduros estarán muy interesados.

Motivaciones No Convencionales

Los Beneficios, aumentos y un ambiente de cuidado son formas comprobadas de motivar a los empleados. Intente algunas formas creativas, no costosas como:

- **Películas.** Use películas como "Apocalypse Now" " para mostrar como las pasiones llevan a resultados excepcionales. Usted puede tener una noche libre con el personal. Si su restaurante esta cerrado los lunes, ponga una proyección. Traiga palomitas de maíz y otros bocados y tenga una discusión sobre los temas de la película que usted quiera discutir después.

- **Viajes a la granja.** Lleve a su personal de servicio a una granja orgánica o viñedo local para aprender sobre la comida o vino. Esto ayudará en la educación sobre la comida y el vino.

- **Inspire.** No solo dirija a sus meseros, ¡inspírelos! La inspiración lo ayudará a liderarlos al próximo nivel de servicio y garantizará un servicio excepcional a sus clientes.

- **De una mano.** Muestre a su personal que ningún trabajo es demasiado pequeño haciendo algunos de los trabajos más pequeños usted mismo. Ayude a preparar las mesas en una noche ocupada, o se póngase un delantal y roce sus codos con el lavaplatos cuando el se desanime desesperadamente.

- **Palmada en la espalda.** La inspiración puede venir de una acción tan simple como una palmadita en la espalda. Asegúrese de decirle a sus meseros cuando ellos hagan un buen trabajo y comuníqueles que usted está orgulloso que ellos sean una parte de su equipo. El tiempo para este tipo de feedback es en el momento. No espere una semana para decir "buen trabajo". ¡Hágalo ahora mismo!

- **Muestre respeto.** Es simple. Es más probable que una

persona trabaje duro para alguien que los respeta. Deles un poco de responsabilidad. Por ejemplo, en lugar de hacerlos venir a usted cuando alguien envía un plato devuelto, deles algunas pautas para resolverlo, y permítales ocuparse de la situación.

Concursos

Los concursos son una buena manera de motivar al personal. Estos son algunos concejos:

- **Los concursos deberán ser de corta duración.** Los concursos de más de un mes tienden a mostrar un marcado declive en el interés del empleado. ¡También asegúrese haya una zanahoria al final del concurso!

- **Fije metas y comuníquelas en términos personales.** Antes de que usted empiece un concurso, asegúrese que usted ha fijado las metas para el. Digamos que usted quiere aumentar sus ventas de la barra un 10%. Nosotros diremos que esto significa que usted tendría que aumentar sus ventas de la barra en unas 600 bebidas por mes. No diga a sus servidores usted quiere vender 600 bebidas más al mes, haga la meta más personal y más alcanzable. Determine cuántas bebidas adicionales usted necesita para vender cada turno para alcanzar esta meta. Con esta información en la mano, acérquese a su personal de servicio y dígales que le gustaría aumentar sus ventas de la barra en, digamos, 15 bebidas por tarde. Entonces, continúe explicando como pueden ellos ayudar a alcanzar esta meta.

- **Involucre empleados como un equipo.** Incluya a otros miembros del personal en el concurso también. Si usted está enfocando en los aperitivos, por ejemplo, usted podría premiar al personal de la cocina según cuantos platos de aperitivo consiguen sacar en 5 minutos o menos.

- **Que haya más de un ganador.** Aunque la competición sea saludable, también puede crear un ambiente estresante. Asegúrese que premia a las personas por la mejora así como para el logro más alto. Genere premios para esos meseros que estén alcanzando nuevos máximos personales..

- **¿Quién consigue el billete de $10?** Pruebe este concurso para aumentar las ventas durante el servicio: Saque un billete de $10 de la caja registradora y diga a sus meseros que usted quiere que ellos vendan postres (o aperitivos o copas de vino) esa noche. La primera persona que vende uno consigue el dinero. El primero en vender dos entonces toma los $10 del primer mesero. Continúe esto a través del turno. Al final del turno la última persona que tiene los $10 se los guarda. Usted puede mantener este concurso funcionando durante varios turnos y los resultados en un tablero de anuncios del empleado.

- **Haga una rifa.** Otra manera divertida de motivar los meseros a vender es hacer una rifa. Escoja un artículo del menú que le gustaría para aumentar las ventas. Diga a los meseros que cada vez que ellos vendan uno, ellos conseguirán que se deposite su nombre en un recipiente para el sorteo. Al final del turno sortee un premio.

- **Concurso de propinas.** ¡Esta es una gran manera de motivar a su personal de servicio! Diga sus meseros que quienquiera que termine con la mayoría de pasadas de tarjetas de crédito al final de la noche con 20% en propinas, gana un premio.

- **Poker del buen empleado.** Un concurso más general

involucra un mazo de cartas y la mejor mano de poker. Al principio de la semana digan sus meseros que cada vez que usted descubre un ejemplo de buen servicio, buena venta, atención a la seguridad o vigilancia de desperdicios, usted le dará una carta a ese empleado. Al final de la semana el empleado con mejor mano de poker gana un premio.

Feedback

- **Pruebas.** Durante las sesiones de entrenamiento, haga pruebas a los meseros. Aunque la prueba no es la única forma de feedback disponible, ayuda a los meseros a medir las cosas como el conocimiento de seguridad de los alimentos, conocimiento del vino y conocimiento del menú.

- **Observadores misteriosos.** Muchos restaurantes contratan a personas para cenar anónimamente en sus establecimientos y entonces reportar a la gerencia sobre el servicio que ellos han recibido. Estos individuos pueden decirle como la comida fue presentada, como ellos encontraron el servicio y cuanto tiempo ellos tuvieron que esperar por una mesa. Usted puede encontrar estos servicios on line en los siguientes sitios Web:
  www.secretshopnet.com - Secret Shopper
  www.mysteryshopperjobs.com - Mystery Shopper
  www.mysteryshop.com - Mystery Shop

- **Tarjetas de comentarios.** Provea a sus clientes tarjetas de comentarios y comparta estos comentarios con su personal.

Evaluación de Desempeño

L as revisiones de desempeño son una manera importante de dar feedback a sus meseros en como lo están haciendo. Recuerde, sin embargo, que nada de lo que usted diga en una revisión debería ser una sorpresa para su mesero. Siempre dele un feedback regular a su personal, ya sea positivo o negativo. Evaluar y motivar a su personal deben ser una tarea diaria. Considere los siguientes aspectos de la conducción de revisiones de desempeño:

• **Intento de revisiones.** Los resultados de revisiones de desempeño son duplicados. Primero, el supervisor debe usar una revisión para juzgar que tan bien el empleado está haciendo su trabajo y si el empleado es candidato para un aumento del sueldo o no. Adicionalmente y quizás más pretenciosamente, se usan las revisiones para fijar las metas para los empleados.

• **Estableciendo metas de revisión de desempeño.** Al fijar las metas, esté seguro hacerlas concretas. Dé al mesero una manera cuantificable de alcanzar la meta. Sugiera, por ejemplo, que el mesero intente vender 10 postres por turno, que aumente las ventas o quizás, si el mesero carece de habilidades de interacción con el cliente, aprenda los nombres de dos clientes por turno.

• **Tipos de revisión.** Generalmente hay dos tipos de revisiones de desempeño. Una simplemente usa las entradas del supervisor del empleado. Los otros tipos también usan entradas de otros miembros del personal. Muchas compañías, recientemente, han cambiado a un sistema de revisión de desempeño que involucra a otros miembros del personal. Este tipo de revisión, llamado "feedback de 360 grados", consiste en que el supervisor colecta información de los miembros del personal que trabajan con el empleado. El supervisor toma esta información y la usa durante la entrevista de la evaluación. En ningún momento se utilizan los nombres, para que los demás empleados puedan sentirse cómodos siendo honestos dando el feedback. El sitio http://www.360-degreefeedback.com/ tiene información específica relacionada al proceso de feedback de 360 grados. Otros sitios con información de recursos humanos son la International Association for Human Resources Information en: http://www.ihrim.org/, http://www.business.com/directory/human_resources/index.asp y The Society for Human Resource Management en www.shrm.org. Usted puede incluso descargar formas de valoración de desempeño y material relacionado por $39.95 en: http://www.performance-appraisal-form.com.

- **Auto revisión.** Antes de que usted dirija la entrevista de revisión, pida a los meseros que se revean a sí mismos y traigan esta revisión a la sesión. Esto ayudará a que usted entienda como ellos se ven.

- **Sea específico.** No diga simplemente al mesero "Usted necesita mejorar." ¿Cómo necesitan ellos mejorar? ¿Ellos necesitan ser más rápidos, más puntuales, más amistosos hacia los clientes? Dígales que conductas específicas le gustaría ver mejoradas y dígales como hacer para hacer cambios positivos. Si la persona lo está haciendo muy bien, dígales como también.

- **Sea Justo.** Es difícil el analizar a alguien, pero sea lo más justo y consistente como pueda.

- **Mantenga un programa de revisión.** Hágales revisiones anuales a sus empleados. Usted puede querer fijar todas las revisiones durante un mes que sea de poco movimiento. Usted también podría fijar revisiones para las fechas aniversario de los empleados. Para los nuevos empleados, fije una revisión en los primeros dos meses para darles un feedback inmediato en su nuevo trabajo.

- **Preguntas de la revisión.** Algunas de las conductas que usted querrá averiguar en las revisiones incluyen la relación de la persona con los demás, sus habilidades para la resolución de problemas, responsabilidad, entusiasmo y espíritu de equipo. Estructure sus preguntas en consecuencia. enfoque las preguntas en las siguientes áreas:
  - ¿Cumple el empleado con los deberes de su trabajo?
  - ¿Usa el empleado su sano juicio para mantener seguro el ambiente de trabajo?
  - ¿Ayuda el empleado a los demás con el trabajo?
  - ¿Es el empleado responsable y puntual?

- **Use un sistema de valuación para las preguntas.** Esté seguro incluir también una área para los comentarios en el formulario; si alguien no está realizando sus deberes, usted querrá información específica sobre las áreas del problema.

- **Lugar de la revisión.** Una revisión de desempeño siempre debe realizarse en campo neutral. No la realice en su oficina; la persona que usted está inspeccionando probablemente se sentirá amenazada. La entrevista de revisión no debe sentirse como una entrevista disciplinaria; más bien, debe ser un diálogo entre usted y un empleado con la meta de hacer al empleado más productivo. Usted puede querer realizar la revisión fuera del local o usted podría ir al comedor. Si usted dirige la revisión en el comedor elija una mesa en lugar de un mostrador y siéntese al lado de la persona en vez de enfrentarla. Este idioma corporal ayudará a dar a la revisión un sentimiento de no-confrontación. También es muy importante que la revisión se dirija en privado, entonces si usted usa el comedor hágalo cuando su establecimiento esté cerrado y los demás empleados y clientes no estén en el salón.

- **La revisión.** Si usted ha estado teniendo problemas con un empleado, la revisión no es el lugar en el que él se entera. Si ese es el caso, usted necesita mirar detenidamente a sus prácticas de dirección y a su política disciplinaria. Empiece la revisión con un comentario positivo, después vaya a las áreas con problemas y acabe con otro comentario positivo. Resuma los resultados y dígale al empleado cuales son esos resultados, entonces hable sobre las metas futuras. Llegue a un acuerdo sobre cuales serán las metas y escriba el plan para eso. El empleado también debe tener una oportunidad de hacer comentarios en la revisión. Dé al empleado algún tiempo para reflexionar, entonces pídale que ellos hagan sus comentarios por escrito. Estos comentarios así como la revisión debe agregarse en el archivo de personal del empleado. Finalmente, después de que la revisión ha terminado, continúe animando al empleado proporcionando elogios, después de cada paso de mejora.

Provéalos de Las Herramientas Para Hacer Su Trabajo

Una de las cosas más frustrantes para los empleados es saber hacer sus trabajos, pero que no se les dé las herramientas y equipos necesarios para hacerlo. No baje los costos impidiendo a sus meseros entregar un servicio de calidad a sus clientes.

- **Escuche instrucciones de los cocineros durante las reuniones previas al servicio.** Esto ayudará a los miembros del personal a aprovechar los puntos más finos de cada plato servido. Mientras es fácil repasar el menú, este contacto mano a mano con el cocinero dará una oportunidad a los meseros de hacer preguntas.
- **Toallas.** Todos los restaurantes parecen guardar las

toallas bajo la cerradura y llave. Efectivamente, los gastos del lavado pueden sumar, pero nada puede medir el disgusto del cliente viendo al mesero limpiar una mesa con una toalla sucia. ¡De a los meseros el acceso a bastantes toallas para mantener el comedor limpio!

- **Lapiceras y órdenes del cliente.** Si usted va a controlar la generación de las de órdenes al cliente, asegúrese que usted u otro gerente están disponibles al principio del turno para repartirlas a los servidores. No haga que sus meseros atiendan a su primera mesa con un trozo de papel. Tampoco, haga que sus meseros usen sus propias lapiceras. Tenga bastantes disponibles para ellos y para los clientes. De hecho, puede valer la pena, conseguir lapiceras con el nombre de su restaurante en ellas.

- **Platos.** Provea al personal de comedor con bastante loza, cubiertos y manteles. No los deje preparar los cubiertos mientras se sienta la gente. ¡Esto solo se refleja mal en usted!

Conclusión: Enfóquese en Hacer Felices a Sus Clientes

El negocio del servicio de comida se basa en la conexión personal. Conectarse es la manera para encantar a los invitados y traerlos devuelta. Trayendo a los invitados de vuelta simplemente una vez por mes le dará un 15-50% de aumento en el volumen de las ventas. Si usted dedica sus energías a construir un establecimiento donde sus meseros son tratados con respeto y gratitud, ellos tratarán a usted y a sus clientes de la misma manera. Enfóquese en construir un ambiente amistoso, útil, informado y acogedor y las personas regresarán una y otra vez. Esto puede pasar sacando el peso de las ventas de los hombros de su personal. Todos - sobre todo los clientes - deben sentirse que están en la" misma página." Su trabajo es crear un lugar en el que las personas piensen primero al decidir dónde comer y que ellos les cuenten a sus amigos sobre el.

INDEX

A

acoso sexual, 88, 106
Acta de Americanos con discapacidades,	106
Acta de Igual Oportunidad de Empleo, 108
alcohol, 113
aperitivos, 35
artículos de cortesía, 56

B

bandejas, 48, 97
barman, 10
base de datos, 43, 117
bebidas, 36, 99
beneficios, 21, 32, 67, 76, 132
busser, 8

C

calculadoras, 53
chef, 10
clistalería, 42
compensación, 27, 75, 104
Compromiso Alternativo de Reporte de Propinas, 110
comunicación, 15, 24, 74
conflicto, 17
contacto visual, 24, 27, 44
contaminación cruzada, 119
costo laboral, 20

D

declaración de la misión, 12
descripciones del trabajo, 61, 79
despidiendo, 78
diversidad, 25
documentando, 94

E

empleados, 14, 28, 70, 84, 131
enfermedad originada por la comida, 117, 122
ensaladas, 35
entradas, 22, 36
entrenamiento, 10, 19, 23, 74, 81, 84, 92, 97
entrevistando, 62, 73
entrevistas de salida, 74
equipo, 14, 16, 18, 67, 84, 134
escuchando, 44
escuelas culinarias, 71
especiales, 9, 33, 42, 53
expedidor, 45

G

gerenciamiento, 11
gerente, 11, 33, 54

H

HACCP, 118

I

incentivos, 27, 31, 77, 103